VILLE DE TROYES
(Aube)

Objets d'Art anciens

DU

CABINET

DE

M. Théophile HABERT

SECTION ARTISTIQUE

OCTOBRE 1890

TROYES
IMPRIMERIE MARTELET
101, rue Thiers, 101

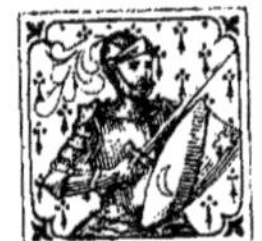

VILLE DE TROYES (Aube)

VENTE AUX ENCHÈRES PUBLIQUES

DES

OBJETS D'ART ANCIENS

COMPOSANT LA

Collection de M. TH. HABERT

Par suite de licitation entre majeurs et mineurs

ET COMPRENANT

SUPERBES FAÏENCES ANCIENNES

DES FABRIQUES DE

ROUEN, NEVERS, LUNÉVILLE, NIDERVILLER, APREY, BURSLEM, ETC., ETC.

PORCELAINES ANCIENNES

DE SAINT-CLOUD, SÈVRES, SAXE ET PARIS

VITRAUX ANCIENS

BEAUX MEUBLES DU XVIE SIÈCLE

Tableaux, Gravures

OBJETS DIVERS

Dont la Vente aura lieu à TROYES (Aube)

En la Salle des Ventes, **134, rue Thiers**

le 20 octobre 1890, et jours suivants, à 1 heure 1/2 précises

Mᵉ PLIVARD
Commissaire-Priseur
134, Rue Thiers, 134
TROYES

Mᵉ E. GANDOUIN
Expert à Paris
31, rue des Saints-Pères, 31
Hôtel des Courriers, à Troyes

CHEZ LESQUELS SE DISTRIBUE LE CATALOGUE

Exposition publique

Les Samedi 18 et Dimanche 19 Octobre 1890, de 1 à 6 heures.

CONDITIONS DE LA VENTE

Elle sera faite au comptant.

Les acquéreurs paieront cinq pour cent *en sus des adjudications, applicables aux frais.*

L'ordre numérique du catalogue ne sera suivi à aucune vacation.

L'expert chargé de la vente se réserve la faculté de réunir ou diviser les lots.

Les tares et défauts seront annoncés à chaque mise en vente des objets, et il ne sera admis aucune réclamation, une fois l'adjudication prononcée.

En cas de contestation sur une enchère, l'objet sera immédiatement remis en vente.

Les objets seront livrés aux adjudicataires le lendemain de chaque vacation, de 9 heures à 11 heures 1/2, et l'enlèvement devra être fait immédiatement.

M. Gandouin, expert chargé de la vente, remplira les commissions des personnes qui ne pourraient la suivre.

LE CATALOGUE SE DISTRIBUE :

TROYES.	Chez M. Plivard, commissaire-priseur, 134, rue Thiers.
—	A l'Hôtel des Courriers.
—	A l'Imprimerie Martelet, 101, rue Thiers.
AMIENS.	Chez M. Lefèvre, antiquaire, rue Gresset.
ARRAS.	— M. Cossiau, antiquaire, rue des Trois-Faucilles.
BEAUVAIS.	— M. Delafosse, antiquaire.
CAMBRAI.	— M. Guilmain Bracq, antiquaire.
LILLE.	— M. Carlier, 7, rue Esquermoise.
PARIS.	— M. Gandouin, expert, 31, rue des Saints-Pères.
ROUEN.	— M. Lefrançois, 46, rue d'Amiens.
VERSAILLES.	— M. Guillain, 3, place Hoche.
REIMS.	— M. Mongenot, antiquaire.
FONTAINEBLEAU.	— M. Jourde, antiquaire.
TONNERRE.	— M. Stire, antiquaire.
AUXERRE.	— M. Courtet, antiquaire.

PRÉFACE

La vente de la collection de M. Théophile HABERT est un de ces incidents capables d'intéresser fortement les nombreux amateurs qui, à Paris comme en province, poursuivent avec la plus louable ardeur la conquête devenue difficile des belles et véritables céramiques françaises.

Commencée il y a plus de vingt années déjà, cette réunion distinguée d'objets choisis et précieux est très grande, quand on considère qu'elle ne contient pas moins de cent soixante-dix numéros de faïence de Rouen, cinquante de Nevers, cinquante de diverses fabriques françaises et étrangères, plus de soixante porcelaines tendres et verreries, puis aussi des tableaux, des gravures, des objets de vitrine et des meubles excellents pour renfermer tout cela.

C'est le cabinet chéri d'un curieux, formé avec une patience constante, avec cette ténacité particulière et cet esprit de suite qui font la force du vrai collectionneur.

En province, en effet, où le marché de la curiosité est étroit, où le chassé-croisé de l'achat et de la revente ne se produit pas, où toute acquisition majeure de l'amateur est soustraite avec une jalousie d'amoureux à la rétrocession ou à l'échange, tout changement dans la propriété d'un bel objet d'art est malaisé : il devient absolument impossible de former aujourd'hui une collection.

M. Habert a jeté les bases de la sienne à une époque privilégiée, où la moisson était abondante à qui savait glaner les bons épis. Aidé par sa grande sagacité naturelle, par son expérience professionnelle et ses multiples relations, il a de préférence fouillé la Champagne, qu'il connaît à fond, dont le sol archéologique n'a pas de secrets pour lui ; mais il n'a point méconnu qu'il est ailleurs d'autres sources, il ne s'est point renfermé dans le cercle de la région troyenne. Il me souvient de l'avoir vu, fidèle et persévérant, à presque toutes les grandes ventes de céramique qui ont eu lieu à l'Hôtel Drouot dans ces vingt dernières années.

C'est dans ces enchères célèbres, ou dans ses voyages pour assister aux congrès de province, qu'il savait trouver des occasions susceptibles de fournir une pièce nouvelle à son cabinet et de donner un aliment à sa passion d'amateur.

Je me rappelle la première visite qu'il me fit à Rouen, lors d'assises scientifiques de cette nature. N'avons-nous point inconsciemment joué les rôles de Gardilanne et de Dalègre, ces deux amusants personnages du *Violon de faïence?* N'ai-je point intimement frémi, mon cher rival, quand je vous vis entrer résolument dans le magasin de notre estimable antiquaire Lefrançois, le célèbre marchand rouennais, pour y enlever certains de ces beaux Rouen et de ces rares Nevers bleus, qui font l'honneur de votre cabinet et le désespoir de vos confrères ? Mais non, je savais trop bien en quelles mains passaient ces trésors enviés ; j'applaudissais avec orgueil à l'hommage que vous rendiez à notre vieille industrie locale ; j'étais heureux de vous aider dans vos recherches.

Rouen et Nevers. — Telles sont les deux notes dominantes dans cette symphonie, que chantent les plats et les assiettes accrochés aux murs, ou se prélassant dans les vitrines de l'avisé collectionneur ; tels sont les deux foyers d'où rayonnent ces céramiques splendides, sources, pour l'œil, de joie et de lumière.

En donnant aux produits de Rouen la place d'honneur, M. Habert, peut-être sans en avoir conscience alors, rendait à une illustre famille champenoise un hommage mérité. Ces camaïeux bleus, à rosaces triomphales, à réserves exquises, ne rappellent-elles point le nom des Poterat, nos premiers manufacturiers rouennais ? — Si Edme Poterat était qualifié chez nous « Seigneur de Saint-Etienne et patron de Saint-Sever, » ses ancêtres n'étaient-ils point originaires de Troyes ? — Ces gentilshommes dont la sépulture existe encore dans l'église de La Madeleine, occupaient un rang distingué dans la noblesse troyenne. Le rameau qui s'est détaché du tronc primordial a poussé en Normandie des racines vigoureuses. Dès 1647, nous voyons Edme Poterat, investi du privilège de la fabrication de la faïence stannifère à Rouen, signer ses produits primitifs et les timbrer de ses armes ; en 1673, son fils, Louis Poterat, en inventant la porcelaine tendre française, se place au plus haut rang des céramistes ; car, dans cette porcelaine d'exquise et insigne rareté, la matière est bien des fois plus précieuse que le décor.

Rouen a payé sa dette aux Poterat ; l'une de ses rues porte le nom de l'inventeur de la porcelaine.

Mais, qu'il fût ou non guidé par le patriotisme local, M. Habert a judicieusement réservé place en sa collection à nombre de pièces qu'on peut attribuer à cette famille de céramistes célèbres.

Les assiettes portant les numéros 1 et 2 du catalogue, et les numéros 5 et 10, exciteront de légitimes convoitises : ce sont des pièces de notre époque primitive, si recherchées aujourd'hui.

Les grands vases (n°s 24, 25 et 26) sont introuvables, et je suis tenté d'en dire autant de toutes les pièces à décor bleu et rouille qui sont décrites du n° 27 au n° 37.

Une rare pièce encore, la belle vasque qui porte le n° 41. Heureux celui qui posséderait la fontaine manquante !

Dans le groupe des faïences à bordure quadrillée de la

manufacture de Guillibaud, de bons spécimens sont à citer, notamment l'assiette (n° 45), qui porte le monogramme de ces faïenciers illustres, fournisseurs des Montmorency.

Dans le polychrome (n° 65), un très beau plat octogone armorié. Il porte les armes de Bernard d'Avernes, commandeur de l'ordre de Malte, qui fut grand prieur de Champagne, et est inhumé dans l'église de la Commanderie de Ste-Vaubourg, à quelques kilomètres de Rouen. Le respectable conservateur du musée de Bernay, M. Assegond, a consacré à une assiette de ce même service, existant dans notre collection, une notice qui s'applique tout aussi bien au plat ci-dessus cité.

Mais dans le polychrome, le *clou* est assurément l'écuelle couverte (n° 114)). La jolie chose et quel bon goût elle révèle! Je n'hésite pas à la considérer comme valant à elle toute seule bien des prétendues « collections. »

Dans le groupe de Nevers, le plat (n° 169) est de premier ordre. Le cornet (n° 170), la coupe à piédouche (n° 171), la potiche (n° 175), le vase de pharmacie (n° 177), les deux pots à l'eau (n°s 183 et 184) sont également d'excellents échantillons.

Mentionnons aussi les deux plats (n°s 187 et 188), la gourde (n° 191), le vase (n° 206), et cette pièce étrange, la pomme à perruque (n° 207) dont l'usage est aujourd'hui complètement ignoré.

Mais on ne saurait tout citer ici, et il faut laisser à la perspicacité de l'expert le soin de faire valoir et discerner les morceaux de choix dans cet ensemble, où je n'aperçois que du bon grain et pas d'ivraie.

Les produits des petites fabriques, les porcelaines tendres, la verrerie, le Saxe, les tableaux, les gravures et les objets de vitrine, ne seront pas moins disputés que les meubles, presque tous excellents, et dont les restaurations sobres ont été conduites et surveillées par un amateur, ennemi déclaré du truquage, et scrupuleux observateur des procédés d'antan.

Voilà, tracées à la hâte, les grandes lignes de la collection qui va être livrée aux enchères. Et comme en toutes choses, l'esprit inquiet qui caractérise le collectionneur veut un éclaircissement, je me suis demandé par quelle lacune M. Habert n'avait pas ouvert, en son catalogue, un article aux faïences patriotiques, si prisées depuis que notre ami Champfleury en a tracé l'histoire.

Ici, nous abordons un côté délicat... M. Habert les a conservées, pour être jointes à une autre collection locale, tout entière, qu'il a eu la pensée fatale d'offrir à sa ville adoptive. Je dis « fatale », parce que la chose a été pour lui la source et l'occasion de soucis sans nombre. Il les a racontés dans un *Bulletin archéologique et historique,* qui réjouirait un spécialiste en quête d'incidents de la vie de province. Cette donation constituerait les éléments d'un vrai drame, et eût fourni à Champfleury un épisode amusant.

Mais le pauvre Champfleury repose, et ce rieur impitoyable n'aura pas connu cette incroyable histoire dont il eût fait un livre! Sans se décourager, M. Habert loue un local, y installe à ses frais cette collection sortie du sol, histoire vivante de la région, et, en dépit des critiques, la commente et l'explique au moyen d'un beau livre qu'un vrai savant, M. d'Arbois de Jubainville, recommande avec raison aux archéologues, dans le dernier numéro de la *Revue Celtique* (Avril 1890). Cet ouvrage a pour objet l'explication des marques de potiers gallo-romains, trouvées dans les cinq départements de l'Aube, de la Côte-d'Or, de l'Yonne, de la Marne et de la Haute-Marne. Ces marques sont reproduites très exactement dans des planches bien dessinées. Le nombre en est de 1508, chiffre important et qui donne une haute idée de la somme de travail que M. Habert a voulu s'imposer dans l'intérêt de la science.

Quand on aura vu le musée qu'il ouvre, on comprendra mieux la valeur de ses découvertes et l'importance de son don gratuit. Les critiques alors se tairont d'elles-mêmes.

A ces débris, extraits des fouilles de la localité et de ses environs, seront annexées les faïences fabriquées dans la région, à Auxerre et à Mathaux.

Ce nom me remet en mémoire une histoire curieuse, où M. Habert, avec sa réelle autorité, s'interposa de la manière la plus efficace entre deux amis, séparés par une terrible querelle... céramique.

Au reste, elle a été trop bien racontée, tout dernièrement, dans le *Figaro illustré* (Juin 1890), par Paul Eudel, le spirituel historiographe de l'*Hôtel Drouot* et du *Truquage*, pour que je ne cède point la place à ce conteur émérite, qui rend si bien à chacun ce qui lui est dû, et proclame avec justice la haute sagacité de M. Habert, en cette occasion délicate.

« L'assiette reproduisant la « très haute et très puissante « dame guillotine » a été longtemps le *rara avis* du col- « lectionneur. Les uns affirmaient, les autres niaient son « existence. Tous en rêvaient.

« Champfleury, qui connaissait bien les faïences révo- « lutionnaires, puisqu'il en avait manié plus de dix mille, « répétait sans cesse : « Si l'on retrouve un jour le hideux « instrument peint sur quelque vaisselle, c'est qu'un « truqueur l'aura fabriqué pour se jouer d'un collection- « neur naïf. »

« Or, il y a vingt ans, M. G. Gouellain, le collection- « neur rouennais, en rencontra une chez un marchand de

« la rue des Martyrs qui lui déclara la tenir d'un M. Hen-
« riot de Bar-sur-Seine.

« Ne voulant point dissimuler cette pièce aux regards
« des curieux, il publia une brochure très érudite, conte-
« nant la description et la reproduction de « l'assiette au
« rasoir national. »

« L'assiette lugubre, assez laide, mal émaillée, d'un
« dessin grossier et d'une coloration défectueuse, repré-
« sentait la guillotine dressée sur des chevalets, entourée
« d'une balustrade à claire-voie et gardée par un gendarme,
« sablé au clair.

« Debout sur la plate-forme, l'exécuteur des hautes
« œuvres tenait à la main le terrible cordon, prêt à faire
« tomber le couperet triangulaire sur une malheureuse
« femme couchée sur la planchette fatale. Au sommet de
« l'escalier, un prêtre en surplis, coiffé du bonnet à étei-
« gnoir, un crucifix à la main, exhortait la patiente, la tête
« déjà dans la lunette, au-dessus du panier rempli de son.

« Les céramistes les plus forts de l'époque virent la
« rarissime assiette : tous déclarèrent, sans hésitation,
« qu'elle était de l'époque et représentait une scène de la
« Terreur.

« Champfleury, lui, tenait la pièce pour invraisemblable. »
— « Qui aurait pu manger dans de pareille vaisselle ? »

« Mais il avait beau se débattre comme un diable, il
« faut bien le dire, il ne persuadait pas le clan des ama-
« teurs. Grâce à l'aréopage constitué par lui, Gustave
« Gouellain triomphait au milieu des discussions passion-
« nées qu'il avait soulevées.

« Les choses en étaient là, lorsque tout à coup un ama-
« teur arrivant de la Champagne, M. Habert, vint apporter
« une explication inattendue. L'assiette, fabriquée dans le
« village de Mathaux, reproduisait, selon lui, le supplice
« infligé en 1808 à une paysanne, Louise Fleuriot, guillo-

« tinée à Troyes pour avoir cherché à mettre le feu dans
« une métairie dont on voulait chasser ses maîtres.

« L'incident était clos. Les uns avaient raison, puisque « l'assiette n'était pas apocryphe, et les autres n'avaient « pas tort, puisqu'elle était presque contemporaine de la « Révolution, mais l'honneur des faïences patriotiques « était sauf, car ce n'était, en résumé, qu'une complainte, « comme celle de Fualdès. »

C'est à résoudre de telles questions que M. Habert employait sa vie, quand il voulait se reposer de ses travaux archéologiques, et c'est le meilleur éloge qu'on puisse faire de ce digne collectionneur.

Rouen, Septembre 1890.

GUSTAVE GOUELLAIN.

Faïences Françaises Anciennes

FABRIQUES DE ROUEN

ROUEN A DÉCOR BLEU

ÉPOQUE LOUIS XIV

1 — ROUEN, décor bleu. Très belle **Assiette** style rayonnant, remarquable décor; les dessins du marli descendant sur le fond. Au centre, très belle rosace à huit motifs, laissant une réserve chargée d'un tournesol.

Très bel émail, remarquable état de conservation. Signé, en bleu, CH][w

2 — ROUEN, décor bleu. Autre très belle **Assiette** de même décor, émail, qualité et conservation que la précédente. Signée de même.

3 — ROUEN, décor bleu. Belle **Assiette,** riche décor de style rayonnant; marli à lambrequins avec motifs de ferronnerie descendant sur le fond. Au centre, belle rosace à huit motifs.

Bel émail; très bel état de conservation.

4 — ROUEN, décor bleu. Autre **Assiette** analogue à la précédente.

Même qualité et même conservation.

5 — ROUEN, décor bleu. Très belle **Assiette**; beau décor de style rayonnant. Le marli est à lambrequin et entrelacs avec motifs de ferronnerie descendant sur le fond. Au centre, belle rosace ayant, en réserve, une étoile chargée de deux roses.

Très bel émail, très bel état de conservation.

6 — ROUEN, décor bleu. Autre **Assiette** analogue à la précédente. Même qualité et même conservation.

7 — ROUEN, décor bleu. Très belle **Assiette**, style rayonnant. Le marli est chargé d'entrelacs et de corbeilles de fleurs. Au centre, cygne dans des roseaux et des fleurs.

Bel émail.

8 — ROUEN, décor bleu. **Autre**, analogue à la précédente (fêlure).

9 — ROUEN, décor bleu. Belle **Assiette**, style rayonnant. Le marli est chargé de lambrequins, d'entrelacs et de guirlandes. Au centre, motif d'ornementation avec corbeille de fleurs (fêlure).

Très bel émail.

10 — ROUEN, décor bleu. Très belle **Assiette** à décor plein, de goût chinois. Le marli est chargé de différents motifs de personnages et de kiosques. Au centre, autre motif de personnages.

Très belle qualité ; très bel émail.

Ce genre de décoration est très rare dans les productions de Rouen.

11 — ROUEN, décor bleu. **Bannette** de forme octogonale allongée. Très beau décor rayonnant à motifs de lambrequins, entrelacs et guirlandes rappelant la ferronnerie. Au centre, très beau motif de rinceaux soutenant une corbeille de fleurs; oiseaux et insectes.

Très bel émail; très belle qualité (fêlure).

Long. 0,40 cent.

12 — ROUEN, décor bleu. Très joli **Petit Plateau** octogone. Le marli est chargé d'un petit lambrequin courant. Au centre, trés grande rosace à cinq pointes; très belle ornementation.

Bel émail et très bel état de conservation.

13 — ROUEN, décor bleu. **Broc.** Très belle ornementation de lambrequins décorant la panse ainsi que le goulot. Le pied est à réserves chargées d'entrelacs.

Bel émail, belle qualité (fêlure sur la panse).

Haut. 0,38 cent.

14 — ROUEN, décor bleu. Très jolie **Boite à épices,** de forme octogonale, à motifs de lambrequins et d'entrelacs dits à ferronnerie.

Très bel émail et très belle qualité.

Long. 0,12 cent.

15 — ROUEN, décor bleu. **Sucrier à saupoudrer,** forme droite. La panse est décorée de lambrequins et d'entrelacs d'une belle ornementation. Le couvercle est orné de fleurettes et bordé d'un feston de rinceaux et de feuillages, alternés (fêlure).

16 — ROUEN, décor bleu. **Bannette.** Très beau décor rayonnant, à riches lambrequins et grosses guirlandes de fleurs. Au centre, rinceaux et corbeille de fleurs.

Très bel émail, très belle qualité (fêlure).

Cette pièce est d'une puissance de couleur exceptionnelle.

Long. 0,40 cent.

17 — ROUEN, décor bleu. Très jolie **Petite Bouteille** octogonale; beau décor rayonnant à lambrequins.

Belle qualité, bel émail.

Haut. 0,18 cent.

18 — ROUEN, décor bleu. Très joli **Petit Pot à Eau** couvert. Le pot est orné, sur la panse et au col, de lambrequins, d'entrelacs et de guirlandes de fleurs; le couvercle, décoré en plein, laisse une rosace à réserves de dix lobes, chargée d'entrelacs.

Très belle qualité, très bel émail. Bel état de conservation.

Haut. 0,17 cent.

19. — ROUEN, décor bleu **Soulier de Noël**. Le dessus est à lambrequins et rosaces; le derrière est chargé de rinceaux et d'entrelacs.

Très belle qualité, très bel émail, bon état de conservation.

20 — ROUEN, décor bleu. Belle **Assiette**. Le marli est chargé d'un petit lambrequin courant; au centre, très importante rosace chargée de feuillages et rinceaux, entourée d'un semis de fleurettes.

Bel émail, belle qualité, bon état de conservation. Signée L B, en bleu.

21 — ROUEN, décor bleu. Belle **Assiette**. Le marli est chargé d'entrelacs et de six lambrequins; au centre, grande rosace, à six pointes, chargée de rinceaux et feuillages et d'une réserve ronde ornée d'une belle rose.

Très bel émail, belle qualité (fêlure).

22 — ROUEN, décor bleu rayonnant. **Assiette**. Le marli est chargé de lambrequins et d'entrelacs; au centre une belle rosace ornée de rinceaux et de feuillages.

Bel émail (percée et fêlée).

23 — ROUEN, décor bleu. **Cuvette ovale,** extrémités contournées, bordée de rinceaux, d'entrelacs et de guirlandes de fleurs. Au centre, corbeille de fleurs. Cette pièce est décorée à l'extérieur de branchages avec fleurs et est signée, en bleu, D L, liés.

Très bel émail, très belle qualité et parfait état de conservation.

24 — ROUEN, décor bleu. **Très grand et beau Vase de Jardin,** forme dite *Médicis*, avec beaux masques de femme, en haut relief. Le décor, sur la panse, est formé de paysages à encadrement rectangulaires.

Le culot est orné de grosses feuilles d'acanthe, et, la base, de zônes de divers feuillages.

Pièce remarquable par son état de conservation et la puissance de sa couleur.

Haut. 0.73; diam. supér. 0.73.

25 — ROUEN, décor bleu. Autre **grand Vase de jardin,** analogue au précédent.

26 — ROUEN, décor bleu. Autre **grand Vase de jardin,** semblable aux précédents (réparé).

ROUEN A DÉCOR BLEU ET ROUILLE

ÉPOQUE LOUIS XIV

27 — ROUEN, décor bleu et rouille. Très belle **Assiette.** Le marli est à lambrequins, entrelacs et motifs de ferronnerie; au centre, support chinois et corbeille de fleurs.

Très bel émail, très belle qualité, très belle conservation. Le ton rouille est très bien venu.

28 — ROUEN, décor bleu et rouille. Autre **Assiette,** de même qualité et de même conservation.

29 — ROUEN, décor bleu et rouille. Autre **Assiette.** Le marli de même décor que les précédentes; au centre, motif de rinceaux soutenant une corbeille de fleurs.

Belle qualité, belle émail et belle conservation.

Les rouilles très bien venus.

30 — ROUEN, décor bleu et rouille. Autre **Assiette,** analogue à la précédente; de même conservation.

31 — ROUEN, décor bleu et rouille. **Autre,** analogues aux précédentes ; réparation au bord.

32 — ROUEN, décor bleu et rouille. Belle **Assiette.** Le marli est chargé de lambrequins, d'entrelacs et de motifs de ferronnerie, descendant sur le fond ; au centre, rinceaux et corbeilles de fleurs.

Très bel émail, très belle qualité; le ton rouille très bien venu.

Dans cette pièce le bleu domine.

33 — ROUEN, décor bleu et rouille. **Autre.** Analogue à la précédente, mêmes observations.

34 — ROUEN, décor bleu et rouille. Très belle **Assiette.** Le marli est chargé de rinceaux d'entrelacs et de motifs de ferronnerie descendant au centre, en bleu. Il est aussi bordé d'un feston, alterné de rinceaux et feuillage. Au centre, petit motif, personnage chinois, dans un parterre de fleurs.

Très bel émail, très belle qualité, très belle conservation.

35 — ROUEN, décor bleu et rouille. Belle **Assiette.** Le marli est chargé de lambrequins, d'entrelacs et de guirlandes ; riche ornementation. Au centre, rinceaux et corbeille de fleurs.

Très bel émail, très belle qualité, très belle conservation.

36 — ROUEN, décor bleu et rouille. **Bannette** rectangulaire, formant corbeille, à anses torsées. A l'extérieur, quadrillé imitant la vannerie; bord supérieur vermicellé. L'intérieur de cette pièce est richement décoré : autour, d'un lambrequin courant; et, au centre, d'une remarquable rosace entourée de rinceaux et de motifs de ferronnerie.

Très bel émail, très belle qualité, très bel état d conservation.

Long. 0.40

37 — ROUEN, décor bleu et manganèse. Grand **Plat rond**, décor plein, de goût chinois. Style Nivernais. Au centre, nombreux personnages, rochers et plantes.

Diam. 0 52

Nota. — Au revers de ce plat il existe des cercles et des barres, peintes en bleu, dans le goût des plats du Nivernais.

ROUEN, DÉCOR A TROIS TONS

ÉPOQUE LOUIS XIV

38 — ROUEN, décor à trois tons. **Paire de Consoles** à accrocher, formant volute, terminées par un culot d'acanthe. La face est ornée, en haut relief, d'un beau masque de Satyre sur fond bleu, supportant le plateau à bord contourné et mouluré.

Très bel émail, très belle qualité, très bel état de conservation.

Haut. 0.31

Nota. — Ces deux pièces, d'une rareté extrême, sont d'une puissance de couleur remarquable.

39 — ROUEN, décor à trois tons. **Lion assis** sur une terrasse bleue, crinière jaune et corps moucheté de bleu.

Bel émail, belle qualité, belle conservation.

Haut. 0.36, long. 0.31

40 — ROUEN, décor à trois tons. **Statuette** représentant la Vierge. Sur le socle cette inscription : *Regina celi letare* (fracture aux mains).

ROUEN A DÉCOR POLYCHROME

ÉPOQUE LOUIS XIV

41 — ROUEN, décor polychrome. **Grande et Belle Vasque de Fontaine**, forme demi-lune, ornée, sur les flancs, de masques en relief et, sur le devant, d'une coquille destinée à recevoir le robinet.

Sur la panse, très beau décor quadrillé avec réserves ornées de crevettes.

A l'intérieur, belle corbeille de fruits et fleurs, dont une tulipe ; groupe de poissons, crabe et coquillage.

Le pied est décoré d'un tors de laurier sur fond bleu.

Bel émail, belle qualité, belle conservation.

Larg. 0.57, Haut. 0.27, Profond. 0.35

42 — ROUEN, décor polychrome. Belle **Assiette.** Le marli, orné d'une zône à fond bleu, est chargé de grenades et feuillages, en réserves, décorées vert et rouille ; au centre, corbeille de fleurs polychromes, (fêlure).

43 — ROUEN, décor polychrome. Belle **Assiette.** Le marli, quadrillé vert à œils de perdrix, est chargé de quatre réserves décorées de fleurs ; au centre, arbuste de feuillages avec grappes rouges et bleues.

Très bel émail, très belle qualité, très bonne conservation.

Décor excessivement rare.

44 — ROUEN, décor polychrome. **Autre.** Le marli de décor analogue à la précédente ; au centre, corbeille de fleurs.

Très bel émail, belle qualité, belle conservation, signé : G. 3 (*Gardin*).

45 — ROUEN, décor polychrome. **Assiette.** Le marli est de décor analogue aux précédentes, mais le quadrillé est chargé de petites croix en réserves ; au centre, décor de goût chinois, fleurs et balustrades. Signée, au revers : G. B., monogramme de Guillibaud.

Très bel émail, belle qualité, bonne conservation.

46 — ROUEN, décor polychrome. **Bannette** octogonale. Le marli, chargé de quadrillé vert et rouge semé de tournesols, est orné de quatre réserves portant des des feuillages et des fleurs ; au centre, remarquable bouquet de fleurs chimériques accompagnées de grappes rouges et bleues.

Très belle qualité, très bel émail, très bel état de conservation.

Echantillon d'un décor très rare à rencontrer et d'une puissance de couleur remarquable. Signé G. 3 (*Gardin*).

Long. 0.37

47 — ROUEN, décor polychrome. **Assiette.** Le marli d'un décor analogue au numéro précédent ; au centre, très belle pagode entourée de murailles. Signée, au revers : G. 3. (*Gardin*).

Très bel émail, très belle qualité (égrenures).

48 — ROUEN, décor polychrome. **Assiette**, analogue à la précédente (égrenures).

49 — ROUEN, décor polychrome. Très belle **Assiette**, richement décorée. Le marli, quadrillé vert, est orné de tournesols et de quatre réserves ovales portant des crevettes; au centre, arbuste chargé de fleurs chimériques et de l'oiseau chinois appelé *fon-hoang*.

Belle qualité, bel émail et belle conservation.

50 — ROUEN, décor polychrome. **Autre**, analogue à la précédente.

51 — ROUEN, décor polychrome. **Plateau** octogone. Le marli, à fond bleu, chargé de rinceaux et feuillages, est orné d'entrelacs et de guirlandes de fleurs ; au centre, belle corbeille de fleurs.

Bel émail, belle qualité, belle conservation.

52 — ROUEN, décor polychrome. — **Autre**, analogue au précédent ; même décor, même émail et même qualité (fêlure).

53 — ROUEN, décor polychrome. Très belle **Saucière** à surface extérieure gaufrée et ornée d'un lambrequin alterné ; à l'intérieur, entrelacs et guirlandes formant bordure. Au centre, corbeille de fleurs.

Très belle qualité, très bel émail.

Pièce remarquable par la puissance de ses couleurs et son parfait état de conservation.

54 — ROUEN, décor polychrome. **Assiette.** Le marli est richement décoré d'arabesques, d'entrelacs et de guirlandes de fleurs ; au centre, corbeille de fleurs (fêlure).

55 — ROUEN, décor polychrome. Le marli, d'un riche décor, est orné d'entrelacs d'arabesques, de quatre guirlandes et de quatre vases ; au centre, corbeille de fleurs.

Bel émail, belle qualité et couleurs très vigoureuses (fêlure).

56 — ROUEN, décor polychrome. Le marli est richement décoré de quatre guirlandes et de quatre corbeilles de fleurs, dans un cartouche imitant la ferronnerie ; au centre, corbeille de fleurs. Signé, au revers, de la lettre L. en bleu.

Pièce d'un très bel émail, d'un vigoureux décor, et d'une très belle conservation.

57 — ROUEN, décor polychrome ; **Assiette**, analogue à la précédente. Non signée.

58 — ROUEN, décor polychrome. **Assiette** analogue aux précédentes, sans signature ni monogramme ; même qualité et même conservation.

59 — ROUEN, décor polychrome. Autre **Assiette**, semblable à la précédente, mêmes observations.

60 — ROUEN, décor polychrome. Très belle **Assiette**. Le marli est décoré d'une zône, à fond bleu, ornée de rinceaux détachés auxquels sont suspendus des guirlandes de fleurs ; quatre masques humains entourés de rinceaux et d'un tablier, portant, des glands, complètent cette ornementation. Au centre, vase contenant des fleurs (fêlure).

Nota. — Cette décoration imitée de Bérain est très rare dans les produits de la fabrication Rouennaise.

61 — ROUEN, décor polychrome. **Assiette** analogue à la précédente (fêlures).

62 — ROUEN, décor polychrome. **Plat** octogone. Beau décor. Le marli, quadrillé vert, est chargé de tournesols et de quatre réserves ornées de fleurs; au centre, pagode et arbustes de goût chinois.

Très bel émail, très belle qualité.

63 — ROUEN, décor polychrome. **Bannette**. Très beau décor plein, de goût chinois, orné, au centre, d'une grande balustrade et de personnages chinois tenant des parasols. Rochers, plantes et fleurs.

Très belle qualité, tons très vigoureux (réparations).

Long. 0.39

FAIENCES ARMORIÉES

ROUEN A DÉCOR BLEU ET A DÉCOR POLYCRHROME

ÉPOQUES LOUIS XIV ET LOUIS XV

64 — ROUEN, décor bleu. Belle **Assiette armoriée** Le marli est décoré d'une très riche ornementation imitant la ferronnerie. Au centre, l'écu, de forme ovale, portant une licorne passant, est entouré d'un cartouche et surmonté d'un cimier et de panaches.

D'un très bel émail, d'une très belle qualité et d'une parfaite conservation.

65 — ROUEN, décor polychrome. Très beau **Plat** octogone **armorié**. Le marli est chargé d'un feston et d'une zône d'arabesques. Au centre, personnage Chinois, assis, tenant un parassol; rinceaux, feuillages, oiseau et insectes.

Les armes sont : d'argent au chevron d'azur, aux trois trèfles de sinople ; en chef, de gueule à la croix d'argent. L'écu est surmonté d'une couronne de marquis et entouré de l'ordre des Chevaliers de Malte.

66 — ROUEN, décor polychrome. Très belle **Assiette armoriée.** Le marli est chargé d'une zône d'arabesques analogues à celle du numéro précédent. Sujet de quatre personnages chinois.

Armoiries de la même famille. Très bel émail, très pur décor, très bel état de conservation.

67 — ROUEN, décor polychrome. **Assiette armoriée,** analogue à la précédente. Au centre, sujet de deux personnages chinois.

68 — ROUEN, décor polychrome. Très belle **Assiette armoriée,** à bord festonné. Le marli est chargé d'arabesques sur fond vermicellé; au centre, une haie, arbustes, oiseau et insecte.

Les armes (celles d'une abbesse) sont écartelées de quatre pièces : le premier et le quatrième, d'or aux trois chevrons de sable ; le deuxième et le troisième, d'or à la croix de gueules; posées sur un cartouche entouré de roseaux ; surmontées d'une couronne de duchesse et de la crosse abbatiale.

Bel émail, belle qualité et bonne conservation.

69 — ROUEN, décor polychrome. Autre **Assiette armoriée,** analogue à la précédente.

Bel émail, belle qualité, belle conservation.

70 — ROUEN, décor polychrome. **Assiette armoriée** à bord contourné. Le marli est chargé d'arabesques à fond quadrillé vert; au centre, cartouche rocaille contenant un écu ovale dont les armes sont d'azur à l'arbre en pal de sinople et au renard d'argent se hissant au tronc.

ROUEN A ENGOBAGE BLEU, STYLE NIVERNAIS

ÉPOQUE LOUIS XIV

71 — ROUEN, à engobage bleu dans le style nivernais. **Saladier** de forme octogonale. Le marli est quadrillé jaune à œil de perdrix et tournesols, avec quatre réserves chargées de fleurs ; au centre, beau bouquet de fleurs. Les décors extérieurs sont de mêmes émaux qu'à l'intérieur.

Nota. — Les pièces de cette nature sont d'une rareté extrême. Le décor polychrome qui les couvre est cuit par un second feu de moufle.

Très bel émail, très belle qualité, parfait état de conservation.

Long. 0.30 cent.

72 — ROUEN, à engobage bleu. **Saladier** carré à angles rentrés, décor analogue au numéro précédent.

Bel émail, belle qualité, bonne conservation.

73 — ROUEN, à engobage bleu. **Saladier** carré à angles rentrés ; semblable au numéro qui précède.

Même état de conservation.

74 — ROUEN, à engobage bleu. **Fragment de Pot à eau** ; décor analogue aux pièces précédentes, mais plus soigné.

75 — ROUEN. **Assiette à émail stanifère.** La face est à couverte bleue, à l'imitation des produits de Nevers. Le marli est chargé de rinceaux et de guirlandes de fleurs ; au centre, très belle corbeille de fleurs.

Nota. — Le décor de cette pièce est en émail blanc chargé de tons polychromes.

Cet échantillon, unique, croyons-nous, est en très bon état de conservation.

ROUEN A DÉCOR BLEU

ÉPOQUE LOUIS XV

76 — ROUEN, décor bleu. Belle **Assiette**, à bord contourné. Le marli est chargé de rinceaux, de cartouches quadrillés et de guirlandes de fleurs ; au centre, rinceaux à lambrequins avec corbeille de fleurs.

Cette pièce est signée : Dieu, en bleu. (Le paraphe qui suit le nom peut faire croire qu'il faut lire Dieul).

Très bel émail, très belle exécution, belle qualité, bon état de conservation.

77 — ROUEN, décor bleu. Belle **Assiette**, analogue à la précédente, signée, au revers : L D, en bleu.

Nota. — Cette pièce a été exécutée par le même artiste que celle qui précède. Elle possède les mêmes qualités.

78 — ROUEN, décor bleu. **Assiette** analogue aux précédentes. Signée, en lettres minuscules : *d. m.*, en bleu.

Bel émail, belle qualité et beau ton.

79 — ROUEN, décor bleu. **Assiette** analogue à la précédente.

Même décor et même qualité.

ROUEN A DÉCOR POLYCHROME

ÉPOQUE LOUIS XV

80 — ROUEN, décor polychrome. Belle **Assiette** à bord contourné. Le marli est orné d'arabesques, de rinceaux et de guirlandes de fleurs.

Bel émail, belle qualité et parfaite conservation.

81 — ROUEN, décor polychrome. **Assiette** analogue à la précédente.

Même qualité, bel émail et conservation.

82 — ROUEN, décor polychrome. **Assiette** analogue à la précédente.

Même qualité, bel émail et conservation.

83 — ROUEN, décor polychrome. **Assiette** analogue à la précédente.

Même qualité, bel émail et conservation.

84 — ROUEN, décor polychrome. Très belle **Assiette**, à bord contourné, d'un très beau décor. Sur le marli, arabesques, coquilles et cartouches ; au centre, corbeille de fleurs.

Bel émail, belle qualité et bel état de conservation.

85 — ROUEN, décor polychrome. Autre **Assiette**, à bord contourné, analogue à la précédente.

Belle qualité, bel émail (fêlures).

86 — ROUEN, Belle **Assiette** à bord contourné. Le marli est chargé d'arabesques sur fond vermicellé ; au centre, haie, arbustes, oiseau et insecte.

Très bel émail, très belle qualité, très bel état de conservation.

87 — ROUEN, décor polychrome. Belle **Assiette**, décor analogue à la précédente.

Bel émail, beau décor (fêlure).

88 — ROUEN, décor polychrome. Très belle **Assiette** à beau décor plein ; arbuste chargé d'œillets et d'un gros perroquet, insectes.

Très bel émail, très belle qualité, très bel état de conservation.

89 — ROUEN, décor polychrome. Autre **Assiette** analogue à la précédente.

Même qualité, même émail, même état de conservation.

90 — ROUEN, décor polychrome. **Assiette** à décor plein ; arbustes chargés d'œillets et de deux perroquets.

Bel émail (fêlure).

91 — ROUEN, décor polychrome. **Assiette** à bord contourné, décor plein, à motif rocaille ; arbre chargé d'œillets et de trois perroquets.

92 — ROUEN, décor polychrome. **Plat ovale** à bord contourné. Sur le marli, quadrillé vert à huit réserves ornées de fleurs ; au centre, pavillon et pagodes.

Bel émail, belle qualité (fêlure).

93 — ROUEN, décor polychrome. Belle **Assiette** à bord contourné. Le marli est chargé d'arabesques à fond quadrillé vert ; au centre, motif rocaille à coquille, entouré d'une guirlande de fleurs.

Bel émail, belle qualité et belle conservation.

94 — ROUEN, décor polychrome. Belle **Assiette** à bord contourné, décorée sur le marli de rinceaux et fleurs. Au fond, grand cartouche rocaille enfermant un bouquet. Signée, au revers : G. D. en bleu.

Très belle qualité, très bel état de conservation.

95 — ROUEN, décor polychrome. Belle **Assiette** à bord contourné. Le marli est chargé d'arabesques et de rinceaux sur fond quadrillé rouille ; guirlandes de fleurs. Au centre, corbeille de fleurs (fêlure).

96 — ROUEN, décor polychrome. Belle **Assiette** à bord contourné, dite à double corne, forme rocaille, semée de boutons de rose ; œillets et oiseaux.

Très belle qualité, bel émail et bon état de conservation.

97 — ROUEN, décor polychrome. Belle **Assiette** à bord contourné. Le marli quadrillé vert, à petites croix en réserve, est chargé de six grandes réserves ornées de fleurs ; au centre, rocher, arbustes, oiseaux en insectes, de goût chinois.

Très bel émail, ton vigoureux (égrénure).

98 — ROUEN, décor polychrome. Belle **Assiette** à bord contourné à décor plein. Paysage, kiosques, personnages et oiseaux aquatiques (réparée).

99 — ROUEN, décor polychrome. Belle **Assiette** à bord contourné. Le marli est orné de rinceaux et de guirlandes ; au centre, vue d'une ville, en bleu, et l'inscription *Jean Décaux* 1752 (réparée).

100 — ROUEN, décor polychrome. **Grand Plat rond**, à bord contourné, décor au chardon. Arbres, arbustes chargés de fleurs. Oiseaux et papillons (félures).

Diam. 0.37 cent.

101 — ROUEN, décor polychrome. **Saucière** à bord contourné, décorée d'un bouquet de fleurs et tulipes (félure).

Bel émail, bonne qualité, beau décor.

102 — ROUEN, décor polychrome. **Compotier** à bord contourné ; bouquet de fleurs avec tulipe. Au revers, la marque G. D. en bleu.

Très bel émail, très pur décor, bel état de conservation.

103 ROUEN, décor polychrome. Autre **Compotier** analogue au précédent, en parfait état.

104 — ROUEN, décor polychrome. **Jatte** à bord contourné, très beau décor. Le marli est chargé de chardons, de grenades et d'œillets ; au centre, coqs combattants, oiseaux et insectes.

Très belle qualité.

105 — ROUEN, décor polychrome. **Assiette** à bord contourné, décor analogue au n° précédent.

Très belle qualité, très bel émail, harmonieux décor.

106 — ROUEN, décor polychrome. Belle **Assiette** à bord contourné. Le marli est orné de trois groupes de roseaux et de fleurs ; au centre, plantes diverses, à fleurs, et deux perdrix.

Pièce d'un très bel émail et d'une très belle qualité.

107 — ROUEN, décor polychrome. Belle **Assiette**, à bord contourné, avec festons jaune et noir, au bord. Le marli est chargé de branchages à feuilles et fleurs ; au centre, rocher, arbustes, coqs, oiseaux et dragon.

Pièce de tons très vigoureux, d'un très bel émail et d'une parfaite conservation.

108 — ROUEN, décor polychrome. **Sucrier à saupoudrer**, décoré de pagodes sur la panse. Le couvercle est chargé de fleurettes. Signé dessous et dans le couvercle de la lettre I, en bleu.

Bel émail, jolie pièce, Couvercle fêlé.

109 — ROUEN, décor polychrome. **Sucrier à saupoudrer**, décor dit de modèles (objets mobiliers). Style Chinois. Le couvercle est signé, à l'intérieur, d'un gril en rouge.

Bel émail, belle qualité, belle conservation.

110 — ROUEN, décor polychrome. **Assiette** à bord contourné. Sur le marli, décor d'arabesques, de fleurs, et d'œillets ; au centre, rinceaux et corbeilles de fleurs.

Très belle qualité, très bon état de conservation.

111 — ROUEN, décor polychrome. **Paire de levriers,** mouchetés noirs, assis sur une terrasse verte bordée de jaune.

Haut. 0.21 cent.

112 — ROUEN, décor polychrome. Autre **Paire de levriers** assis sur terrasse verte. Sous l'un d'eux, la date 1810, en noir.

113 — ROUEN, décor polychrome. **Très joli Plat ovale,** à bord contourné ; orné sur le marli de rinceaux, d'arabesques et de guirlandes. Au centre, corbeille de fleurs.

Belle qualité.

Long. 0.31 cent

114 — ROUEN, décor polychrome. **Très belle Ecuelle couverte,** à oreilles horizontales.

La vasque est décorée sur le pourtour, d'un côté : d'un paysage français avec un cornemuseux, danseur, danseuse et personnage frappant un chien ; de l'autre côté : d'un paysage chinois avec six personnages. A l'intérieur, très jolie scène galante, imitée de Lancret, représentant un cavalier baisant la main d'une dame ; entre eux, un chien. Les oreillons sont décorés de coquilles.

Le couvercle, à bord festonné, est surmonté d'un fruit avec feuilles et branches, en haut relief, décorés au naturel ; et, d'une zône à paysages et personnages dont le premier plan est polychrome et le second plan bleu. Les sujets représentés sont : deux enfants jouant au cerceau ; une fillette debout ; deux autres enfants jouant aux architectes ; un tireur d'arc ; jeune fille traînée dans une vinaigrette par deux personnages et suivie d'une servante ; deux personnages ; jardinier ;

A l'intérieur du couvercle, trois cœurs percés de flèche, dont deux accolés et un troisième placé au-dessous.

Cette pièce, unique, est remarquable par l'intérêt des nombreux sujets représentés, sa parfaite conservation, la beauté de son émail, la délicatesse de l'éxécution, la richesse et l'harmonie de ses tons.

Diam. 0.165 mill. Larg. aux oreillons 0.235 mill.

115 — ROUEN, décor polychrome. **Beau Couvercle ovale,** à bord festonné, orné de personnages, d'un cavalier chinois galoppant, et d'un bouquet de fleurs ; anse formée par un serpent enroulé.

Belle qualité, ton très vigoureux.

116 — ROUEN, décor polychrome. **Couvercle rond,** à bord festonné, décoré d'arbustes chargés de fleurs, de goût chinois.

Très bel émail.

117 — ROUEN, décor polychrome. **Couvercle rond,** à bord festonné, décor à la pagode.

Très bel émail, ton très vigoureux.

118 — ROUEN, décor polychrome. **Beau Plat ovale,** à bord contourné. Le marli chargé d'entrelacs et d'arabesques sur fond vert ; au centre, motif dit au carquois (fêlure).

Très bel émail et très belle qualité.

119 — ROUEN, décor polychrome. **Compotier**, à bord festonné, décor dit au carquois. Signé, au revers, de la lettre V, en noir.

Bel émail et beau ton.

120 — ROUEN, décor polychrome. **Autre**, analogue au précédent (fêlé). Signé : V, en vert.

121 — ROUEN, décor polychrome. **Très belle Assiette** à bord contourné, décor dit au carquois.

Pièce d'un très bel émail, très bien conservée.

122 — ROUEN, décor polychrome. **Plat** rond, à bord contourné, décor dit au carquois (fracturé).

123 — ROUEN, décor polychrome. **Plat rond**, à bord festonné, décor au grand dragon.

Bel émail, belle qualité (fêlure).

Diam. 0.34 cent.

124 — ROUEN, décor polychrome. **Plat** rond, à bord contourné. Le marli est chargé d'arabesques et de fleurs sur fond vermicellé bleu ; au centre, décor, de style chinois, dit à la haie (égréné).

Diam. 0.38 cent.

125 — ROUEN, décor polychrome. **Plat rond**, à bord contourné, dit à la double corne.

Echantillon remarquable par la beauté de son émail, la puissance de son colori et sa parfaite conservation.

Diam. 0.38 cent.

126 — ROUEN, décor polychrome. **Plat** ovale à bord contourné, décor dit à la double corne (fêlé).

Long. 0.34 cent.

127 — ROUEN, décor bleu. **Cuvette** de bidet.

128 à 133 — ROUEN, décor polychrome. **Six Assiettes** à bord contourné, décor dit à la corne.

Ces pièces sont d'un très bel émail, d'un très riche décor et en parfait état de conservation.

Elles seront vendues séparément.

134 — ROUEN, décor polych. Petit **Plat ovale**, à bord contourné, décor dit à la corne (fêlé).

Long. 0.30

135 — ROUEN, décor polych. **Jardinière** à accrocher, à bord festonné, surface godronnée, décor dit à la corne.

Bel émail, bonne conservation.

136 — ROUEN, décor polychrome. **Jardinière** à accrocher, à bord festonné, surface godronnée, décor dit à la grenade et aux œillets.

Bel émail et bon état de conservation.

137 — ROUEN, décor polych. **Assiette** à bord contourné, décor dit à corne.

Très belle qualité, bon état de conservation.

138 — ROUEN, décor polych. **Assiette** à bord contourné, décor dit à la double corne.

Pièce d'une belle qualité, en bon état de conservation.

139 — ROUEN, décor polychrome. **Compotier** à bord festonné, décor à la corne.

Belle qualité.

140 — ROUEN, décor polych. **Autre**, à bord festonné, décor à la corne (fêlure). Signée, en bleu : C O.

141 — ROUEN, décor polychrome. **Autre**, de même forme et de même décor. Signé : D B, en bleu.

Très bel émail, ton très vigoureux, parfait état de conservation.

142 — ROUEN, décor polychrome. **Compotier** rond à bord contourné, décor à la corne (fêlure). Signé, en noir, des lettres D L.

143 — ROUEN, décor polych. **Autre Compotier** rond à bord contourné; décor, chardon et œillets (réparé).

144 — ROUEN, décor polych. **Assiette** à bord contourné, décor à la corne (fêlure).

Très belle qualité.

145 — ROUEN, décor polych. Petit **Compotier** à bord festonné, décor à la corne.

Bonne qualité.

146 — ROUEN, décor polychrome. **Plat** ovale à bord contourné, décor dit à la corne tronquée (fêlure).

Pièce d'un bel émail et d'une belle qualité.

147 — ROUEN, décor polych. **Assiette** à bord contourné décor à la corne tronquée. Signée, en noir : D V.

148 — ROUEN, décor polychrome. **Autre**, analogue à la précédente (fêlure).

149 — ROUEN, décor polychrome. Belle **Assiette**, bord contourné, à la corne tronquée.

Très bel émail, belle qualité et bon état de conservation.

150 — ROUEN, décor polych. Autre **Assiette** analogue à la précédente.

De mêmes décor et qualité.

151 — ROUEN, décor polych. Autre **Assiette** analogue aux précédentes, de mêmes décor et qualité (fêlée).

152 — ROUEN, décor polych. **Assiette** à la corne. Signée, en rouge, des lettres D B.

153 — ROUEN, décor polych. **Assiette** à la corne tronquée.
Très belle qualité.

154 — ROUEN, décor polych. -- **Assiette** analogue à la précédente.
Même qualité.

155 — ROUEN, décor polych. **Couvercle** de soupière, rond, à la corne tronquée.

156 — ROUEN, décor polych. **Couvercle** de soupière, rond, à la corne pleine.

157 — ROUEN, décor polych. **Couvercle** de soupière, ovale, décoré de grenades et d'œillets.

158 et 159 — ROUEN, décor polych. Deux **Assiettes** à la corne tronquée, dont une d'un très riche décor (fracturées).

160 — ROUEN, décor polych. **Soupière ovale**, contournée, décor à la corne tronquée.
Très bel émail.

161 — ROUEN, décor polych. **Soupière ronde**, contournée, décor à la corne tronquée.
Très bel émail.

162 — ROUEN, décor polychrome. **Console** à accrocher, à surface gauffrée; coquille, feuille d'achante et plateau contourné.

Cette pièce est décorée de bouquets de fleurs polychromes, sur fond blanc, et de guirlandes de fleurs rouges, sur fond bleu.

D'un très bel émail, d'un ton très vigoureux et d'une forme très rare. (Légère réparation à la partie inférieure).

163 — ROUEN ou LILLE, décor polychrome. **Saladier** rond. Très beau décor intérieur d'entrelacs, de rinceaux et de feuillages, laissant une grande réserve centrale décorée d'instruments de jardinage et du nom patronimique *Jacques Gondoin,* 1722.

Bel émail, bel état de conservation.

164 — ROUEN ou LILLE, décor polychrome. **Saladier** rond, à bord festonné. Très important décor à fond bleu chargé de réserves ornées de corbeilles de fleurs; zône à fond bleu avec arabesques et feuillages entourant le sujet central qui représente, dans un intérieur, un personnage assis écrivant sur un cahier les mots suivants : *Je donne à penser.*

Bel émail, belle qualité (fêlure).

165 — ROUEN, décor polych. **Bènitier** avec crucifix et ornements en relief (fracture).

166 — ROUEN, décor polych. **Soleil** avec masque en relief.

167 — ROUEN, décor polych. **Assiette**, ornements rocaille avec vase et petite corne (réparée). Signée, en noir : MV.

168 — ROUEN, décor polych. **Couvercle** rond à la corne; signé : W et C.

Cuvette de bidet, décor bleu.

Et objets divers.

FABRIQUES DE NEVERS

PIÈCES A FOND BLEU AVEC IMBRICATIONS

---

169 — NEVERS à fond bleu. **Plat rond.** Le marli est chargé de deux zônes de rinceaux à feuillages. Le fond, formant drageoir, est entouré de rinceaux, de filets et de perles encadrant un motif de rinceaux où s'ébat un oiseau; le tout en imbrications blanches.

Pièce remarquable par le brillant de son émail, son exécution et sa conservation (rarissime).

Diam. 0,46 cent.

170 — NEVERS, à fond bleu. **Cornet** orné sur son milieu d'une ceinture en relief et d'imbrications d'arabesques, de rinceaux et de fleurs cerclées par deux zônes; le col décoré d'une ceinture à lambrequins et à dents de loup.

Très bel émail, imbrications réussies se noyant harmonieusement avec le fond.

Diam. 0,09 cent. Haut. 0,36 cent.

171 — NEVERS, à fond bleu. **Coupe à piedouche** ornée très belle rosace entourée de feuillages.

NOTA. — Les imbrications sont très nettes, et le piedouche ainsi que le dessous de la coupe sont ornés de stries et de taches.

Diam. 0,18 cent.

172 — NEVERS, à fond bleu. Petit **Plateau** décor d'arbustes et fleurs.

Email très vigoureux, imbrications réussies.

Diam. 0,18 cent.

173 — NEVERS, à fond bleu. Autre petit **Plateau** décor de fleurs, insectes et oiseaux ; au revers, fleurettes.

Bel émail.

Diam. 0,18 cent.

174 — NEVERS, à fond bleu. **Bouteille** à col rogné, ornée, sur la panse, de bouquets de fleurs au milieu desquelles un oiseau picore.

175 — NEVERS, à fond bleu. **Potiche** avec jetés très réussis.

Très belle qualité d'émail et très belle conservation.

Haut. 0.23

176 — NEVERS, à fond bleu. Petite **Bouteille**, décor analogue au numéro précédent.

Très belle qualité d'émail ; réparée à l'orifice.

Haut. 0.17

177 — NEVERS, à fond bleu. Beau **Vase** de pharmacie, à bec, anse torsée, moucheté en relief.

Très bel émail, qualité superbe.

Haut. 0.24

178 — NEVERS, à fond bleu. Autre **Vase** de pharmacie, à bec, anse torsée.

Très bel émail, réparation au bec.

Haut. 0.205

179 — NEVERS, à fond bleu. **Vase** analogue au précédent.

Très bel émail.

180 — NEVERS, à fond bleu. **Coupe** à surface gauffrée et bord contourné avec très beau moucheté.

Objet d'une forme très élégante, émail très réussi (réparé).

Diam. 0.32

181 — NEVERS, à fond bleu. Petite **Coupe** avec zône d'imbrications blanches, rinceaux; au centre, bouquet de fleurs en blanc, jaune canari et ocre (égrénure).

Diam. 0.205

182 — NEVERS, à fond bleu. **Plateau** rond. Le marli, entouré d'une zone à stries blanches, est chargé d'imbrications de jaunes d'ocre représentant des rinceaux à feuillages; au centre, rinceaux de feuillages avec oiseau en imbrications blanches.

Très bel émail; pièce d'une réussite remarquable (fêlure).

Diam. 0.22

183 — NEVERS, à fond bleu. **Pot à eau** décoré sur la panse d'imbrication jaunes, fleurs et oiseaux, à rehauts d'ocre. Le col est orné d'une zône à imbrications blanches (fêlure à l'orifice).

Haut. 0.18

184 — NEVERS, à fond bleu. Autre **Pot à eau** décoré sur la panse de bouquets à imbrications jaunes et de fleurs à rehauts d'ocre. Le col est orné d'imbrications de rinceaux, en blanc.

Très bel émail, très belle qualité.

Haut. 0.18

185 — NEVERS, à fond bleu. Fragment d'un **Cornet** avec imbrications, fleurs et oiseaux, blanc, jaune canari et ocre.

186 — NEVERS ou SAINT OMER, à fond bleu-cendré. Petite **Potiche** décorée sur la panse de bouquets et d'oiseaux à imbrications rehaussées de jaune canari et de manganèse.

Très bel émail. (Epoque Louis XV).

Haut. 0.13

NEVERS — PIÈCES A DÉCORS DIVERS

---

187 — NEVERS. **Grand et beau Plat** rond, orné, sur le marli, d'un semi de bouquets et d'oiseaux peints bleus et manganèse, chatironnés. Au centre, remarquable composition représentant Neptune debout sur son char, conduisant quatre chevaux marins ; au fond, rochers, arbustes et montagnes.

Très belle qualité de l'époque Louis XIV. Compotion imitée de Charles Lebrun.

Diam. 0.53

188. — NEVERS. **Grand et beau Plat** rond, armorié, orné, sur le marli, de bouquets de fleurs, d'oiseaux et de cartouches contenant des paysages peints bleu et manganèse, chatironnés ; et, d'une armoirie portant d'argent au chevron d'azur, et cimé d'un croissant ; de trois étoiles d'azur, deux en chef, une en pointe et de deux merlettes de gueules se disputant un lac ; l'écu est entouré de rinceaux et surmonté d'un cimier à casque fermé. Au centre, grand et beau motif peint bleu et manganèse, chatironné, représentant une chasse au cerf d'après Tempesta (fêlures).

Diam. 0.51

189 — NEVERS. Grand **Plat** rond. Le marli richement orné de bouquets de fleurs, d'oiseaux et, au sommet, d'un motif en réserve représentant une scène mythologique allégorique ; au centre, sujet représentant le jugement de Pâris, avec figure de Mercure.

NOTA. — Tout le décor de ce plat est chatironné et peint bleu, manganèse et vert de cuivre (réparé). Epoque Louis XIV.

Diam. 0.58 cent.

190 — NEVERS, **Saladier** à décor polychrome, motif d'ornement rocaille ; village.

191 — NEVERS. **Gourde à panse aplatie** et de forme bursaire, ornée sur la panse et au col de bouquets de fleurs et d'oiseaux au vert de cuivre, chatironné de manganèse. Le col et le pied sont ornés de zônes à fond jaune d'ocre, chargées d'entrelacs au manganèse.

Ttrès bel émail et très belle qualité.

Haut. 26 cent.

192 — NEVERS. Autre **Gourde** analogue à la précédente.

193 — NEVERS. **Plat rond** armorié; décor bleu, chatironné. Le marli est orné de paysages, oiseaux et personnages, ainsi que des armes du Chancelier de France SÉGUIER; au centre, paysage avec personnages.

Diam. 0.35 cent.

194 — NEVERS. **Plat rond armorié**, décor bleu, chatironné ; plantes, rochers et personnages chinois, avec armoiries sur le marli (réparé).

Diam. 0.30 cent.

195 — NEVERS. **Plat rond**, décor bleu, chatironné ; paysages, personnages, animaux dont un dromadaire; au centre, sujet représentant Pyrame et Thisbé.

Diam. 0.34 cent.

196 — NEVERS. **Plat rond**, décor bleu, chatironné; sur le marli, branchages avec fleurs, oiseaux et lièvre. Au centre, groupe de six personnages dansant avec cornemuseux et joueur de biniou. Epoque Louis XIII (fêlure).

Diam. 0.45 cent.

197 — NEVERS. **Petit Plateau rond**, décor bleu, chatironné. Sur le marli, fleurs, oiseaux et deux médaillons de paysages; au centre, deux personnages (fêlure).

Diam. 0.335 mill.

198 — NEVERS. Autre **Petit Plateau**, rond, décor bleu, chatironné. Sur le marli, bouquets de fleurs et oiseaux au centre, deux personnages.

Bel émail et belle qualité.

0.23 cent.

199 — NEVERS. Autre **Petit Plateau** rond, décor bleu et manganèse. Le marli orné de rinceaux ; au centre, bouquets de fleurs et oiseaux.

Bel émail et belle qualité.

Diam. 0.215

200 — NEVERS. **Petit Plateau** rond à décor bleu, chatironé de manganèse, zône vermicellée ; au centre, bouquet de fleurs de gout chinois.

Diam. 0.20 cent.

201 — NEVERS. Petit **Plateau rond armorié**, décor bleu chatironé ; paysages et personnages. Les armes portent d'argent à la bande d'azur chargée de trois anneaux d'argent ; l'écu est entouré d'un lac (fêlure).

Diam. 0.24 cent.

202. — NEVERS. Autre **Plateau rond** à décor plein ; paysage et personnages.

Diam. 0.20 cent.

203 — NEVERS. Autre **Plateau rond** avec zône vermicellée ; au centre, paysage, cours d'eau et pont de bois, signé : au revers, 3 P.

Diam. 0 23 cent.

204 — NEVERS. Petit **Plateau rond,** décor bleu chatironé, avec zône chargée d'arabesques ; au centre, bouquet de fleurs.

Diam. 0.205 mill.

205 — NEVERS. **Vase de forme ovoïde,** anses verticales détachées se terminant à chaque extrémité en tire-bouchon sur la panse ; décoré de bouquets de fleurs, séparés par une zône horizontale. Le couvercle ainsi que le pied sont ornés de palmettes.

Bel émail (fêlure à l'orifice).

Haut. 0.25 cent.

206 — NEVERS. **Vase** de forme très élégante à panse ronde et à anses verticales, torses, attachées au sommet du col et sur la panse et se terminant à chaque extrémité en tire-bouchon. Cette pièce est décorée, d'un côté, de l'effigie de saint Laurent et, au revers, d'un bouquet de fleurs ; les décors sont chatironnés en manganèse.

Bel émail, très vigoureux.

Haut. 0 22 cent.

207 — NEVERS. **Pomme à perruque**, décor de style chinois bleu et manganèse ; paysages et personnage.

Belle qualité.

Haut. 0.18 cent.

208 — NEVERS. Petite **Potiche**, forme balustre, décor bleu et manganèse ; paysage et personnage, style chinois (égrénée au sommet).

Haut. 0.185 mill.

209 — NEVERS. **Bouteille**, décor bleu et manganèse, personnages chinois.

Pièce de jolie forme et d'un bel émail.

Haut. 0.24 cent.

210 — NEVERS. **Autre**, de décor analogue. Col tronqué.

211 — NEVERS. Petit **Vase** à panse rentrée, décor de style chinois, bleu et manganèse : paysage et personnage.

212 — NEVERS. Petite **Bouteille** décor bleu et manganèse, ornée sur la panse d'une réserve chargée de fleurs, et, de l'autre côté, d'une rosace.

Très bel émail très belle qualité,.

Haut. 0.155 mill.

213 — NEVERS. Petite **Bouteille** décor bleu, chatironé de manganèse, ornée, sur la panse, d'une ceinture de lambrequins.

214 — NEVERS. Deux petites **Bouteilles** à décor bleu; l'une ornée d'un personnage chinois et l'autre d'un bouquet de fleurs.

215 — NEVERS. Paire de petits **Vases de pharmacie,** ornés d'une couronne de fleurs polychromes et d'inscriptions en noir.

Bel émail et belle qualité.

Haut. 0.125 mill.

216 — NEVERS. Très belle **Gourde à panse aplatie,** décor polychrome, offant sur l'une de ses faces un personnage debout, jouant du violoncelle ; et, du côté opposé, saint Nicolas debout, ressuscitant les enfants. Le col est orné de rinceaux et de fleurs (égrenure à la base).

Très belle qualité et très bel émail.

Haut. 0.32 cent.

217 — NEVERS. **Vase bouquetier,** forme évasée surbaissée, à anses verticales détachées, et couvercle. La partie supérieure du vase est percée de trous entourant l'orifice; et le couvercle est percé de façon analogue. Très beau décor polychrome offrant sur chaque face un paysage. Le pied, la partie supérieure et le couvercle sont ornés de rinceaux et fleurs polychromes.

Très belle qualité, ton très vigoureux.

Haut. 0.19 cent., larg. 0.29 cent.

218 — NEVERS. Paire de **Cornets de pharmacie** à décor polychrome ; ornés sur une face, d'une armoirie ronde surmontée d'une croix pattée terminée en fleurs de lys. L'armoirie est entourée de palmes, de fleurs et accolée de deux chiens se hissant tenant dans leurs gueules des cierges allumés ; la face opposée offre un très beau paysage avec arbres, monuments en ruines et personnages.

Très bel émail, très belle qualité, tons d'une vigueur extraordinaire.

Haut. 0.20 cent.

219 — NEVERS. **Statuette**, Sainte Catherine debout, appuyée sur un glaive, vêtement polychrome doublé d'hermine ; à la base les mots : *Sainte Catherine* (fractures).

Haut. 0.47 cent.

220 — NEVERS. **Groupe**, Sainte Anne enseignant la Vierge, décor polychrome.

Haut. 0.25 cent.

FAIENCES ANCIENNES

DE DIVERSES FABRIQUES

---

221 — TILLY-SUR-SEUIL. **Bouteille**, torme balustre et à grosse panse, décor polychrome ; sur le col, décor alterné sur chaque pan.

Haut. 0.275 mill.

222 — SCEAUX-PENTHIÈVRE. Très joli petit **Vase**, d'une forme très élégante, à anses verticales surélevées; couvercle réticulé chargé d'un groupe de fleurs et fruits en haut relief. La panse est ornée sur chaque face, ainsi que le pied, de bouquets de fleurs variées.

Décor de la plus grande finesse et d'une très belle exécution; très belle qualité (une anse recolée).

Haut. 0.19 cent.

223 — LUNÉVILLE. **Tasse** de forme ob-conique, décor polychrome à rehauts d'or, ornée, au bord supérieur, d'une ceinture bleue et d'un liseron de feuillage en or; et sur la face, d'un vase rehaussé d'or, contenant des fleurs (fêlure).

Très bel échantillon.

224 — APREY. **Assiette** à bord contaurné rose; le marli chargé d'ornements rocaille en bleu. Au centre, paysage et oiseaux divers, polychromes. (fêlures).

Belle qualité.

225 — APREY. Autre **Assiette** à bord contourné et filet rouge ; le marli semé de fleurettes ; au centre, branchages et oiseaux polychromes.

Belle qualité (fêlure).

226 — APREY. Deux autres **Assiettes** à bord contourné rouge, décor polychrome. Sur le marli, trois bouquets; au centre, coq. (fêlées).

227 — Deux autres **Assiettes** à bord contourné, décor polychrome. Sur le marli des cerises ; au centre, coqs debout sur une barrière, l'un rouge, l'autre noir.

228 — APREY. **Ecuelle couverte et Plateau**, décor polychrome de cerises et d'oiseaux, debout, sur une barrière (réparée).

229 — PALISSY. **Plat ovale** à relief et vernis de couleurs polychromes, représentant le baptême de Jésus dans le Jourdain (égrené).

230 — PALISSY (Suite de). **Statuette**, femme debout tenant un livre de la main gauche (réparée).

Haut. 0.22 cent.

231 — SAVONE. **Ecuelle** à décor polychrome, avec paysage et Amour.

232 — CAFFAGIOLO. Deux **Bouteilles** à décor polychrome, rinceaux et fleurs.

233 — FAENZA. **Soulier de Noël**, orné, sur le cou-de-pied, d'un nœud de ruban jaune et de fleurs bleues.

234 — FAENZA. **Soulier de Noël**, décor bleu et jaune.

235 — SINCENY. **Soulier de Noël**, avec boucle en relief et bouquet de fleurs polychromes à la pointe.

236 — PICARDIE. **Soulier de Noël**, décor bleu, fleurettes.

237 — VARAGES. **Sonnette** à surface côtelée, décor polychrome, fleurs. Le bouton est un petit vase de bronze doré, époque Louis XVI.

238 — PARIS ou ROUEN. **Pot à eau** octogonal ; le bec est orné d'une fleur de lys en relief ; décor bleu, arabesques et rinceaux (réparé).

239 — DELFT, doré. **Couvercle de beurier**, forme ovale. — Deux autres **Couvercles** faïence de Rouen et de Lorraine.

240 — SARREGUEMINES. Deux **Assiettes** décor bleu. Paysages.

GROUPES & STATUETTES EN FAIENCES

DE DIVERSES FABRIQUES

---

241 — MARSEILLE. **Saucière en forme de conque**, décor polychrome; au-dessus est une statuette d'Amour, assis. La conque, du plus beau style rocaille, porte à sa partie postérieure une anse détachée s'accrochant à la volute du même style sur laquelle est l'Amour.

Très beau décor rocaille-polychrome, exécuté par Savy.

Pièce de la plus grande rareté, d'un parfait état de conservation et d'un goût exquis.

Haut. 0.21 ; largeur 0.21 cent.

242 — LUNÉVILLE. **Groupe** de cinq enfants musiciens placés sur un rocher, décor polychrome.

Très bel émail, très belle qualité ; pièce de milieu de surtout (petites fractures).

Haut. 0.31 cent.

243 — LUNÉVILLE. Groupe. **Vénus couronnant l'Amour**, décor polychrome, très belle qualité (fractures).

Haut. 0.275 mill.

244 — LUNÉVILLE. Groupe. **La Chèvre chérie**, très beau décor polychrome (une tête recollée).

Haut. 0.22 cent. Long. 0.20 cent.

245 — LUNÉVILLE. Groupe. **La Chèvre chérie**. Même sujet que le précédent, mais d'un décor polychrome différent.

246 — LUNÉVILLE. Groupe. **Le Berger récompensé**, décor polychrome.

Très belle qualité.

Haut. 0.23 cent.

247 — LUNÉVILLE. **Le Savetier**, groupe d'après Cyflé. Sujet d'un très beau décor polychrome.

Très belle qualité, parfaite conservation.

Haut. 0.25 cent. Diam. du socle 0.175 mill.

248 — LUNÉVILLE. **Groupe de trois enfants**, décor polychrome. Un enfant couché à terre joue avec des fleurs; fillette assise et garçonnet appuyé sur un tronc d'arbre.

Très belle qualité (tête recollée).

Haut. 0.17 cent.

249 — LUNÉVILLE. Groupe. **La Dispute**, décor polychrome.

Très belle qualité.

Haut. 0.16 cent.

250 — LUNÉVILLE. **Chasseresse et Chasseur**. Deux Statuettes à décor polychrome (réparations).

Haut. 0.205 mill.

251 — LUNÉVILLE. **Joueuse de vielle et Ramoneur.** Deux statuettes à décor polychrome (vielle incomplète).

Haut. 0.18 cent.

252 — LUNÉVILLE. **Petit Ramoneur** ; le même que le précédent, décor polychrome.

253 — LUNÉVILLE. **Statuette.** Personnage debout se drapant dans un grand manteau, à ses pieds un chien couché (fractures).

Haut. 0.17 cent.

254 — LUNÉVILLE. **Statuette.** Petit Berger jouant du biniou, décor polychrome.

Haut. 0.155 cent.

255 — LUNÉVILLE. **Voltaire et Rousseau.** Deux bustes, décor polychrome, piédouche marbré (fractures).

Haut. 0.16 cent.

256 — MARSEILLE ou ALCORA. **Buste de Turc,** décor polychrome avec rehaut d'or, piédouche marbré (réparé).

Très belle qualité.

Haut. 0.20 cent.

257 — ROUEN. **Moine Franciscain, debout,** décor polychrome.

Haut. 0.165 mill.

258 — ROUEN. **Statuette** analogue à la précédente (un bras fracturé).

259 — MAYENCE. **Statuette.** Fillette portant une botte de joncs, décor polychrome.

Haut. 0.14 cent.

260 — MAYENCE. **Deux statuettes**, Fillette et garçon dansant, décor polychrome.

Haut. 0.12 cent.

261 — BURSLEM. **Deux Statuettes.** Personnages de la Comédie italienne, Crispin et Matamore, décor polychrome.

Haut. 0.18 cent.

261 *bis* — BURSLEM. Deux petits **Bustes** à décor polychrome, sur socle marbré, *Newton* et *Prior*.

Haut. 0.24 cent.

262 — BEAUVAIS. **Chien boule-dogue assis**, avec partie gauffrée dans la pâte, vernissé jaune.

263 — LUNÉVILLE. Deux **Dessus de brosse** ronds bombés, décor polychrome. Scène galante et berger, d'après Lancret.

264 — Sous ce numéro, diverses pièces en faïences non décrites.

PORCELAINES ANCIENNES

FRANÇAISES ET ÉTRANGÈRES

---

265 — SAINT-CLOUD. Pâte tendre, **Moutardier** ; la panse est ornée, en relief, de branchages et de fleurs dans le goût chinois.

Belle qualité.

266 — SAINT-CLOUD. Pâte tendre. **Tasse couverte,** forme ob-conique, à gaudrons en relief sur la panse ainsi que sur la soucoupe, décor bleu, marque au soleil (*Chicanneau*), fêlure.

267 — SAINT-CLOUD. Pâte tendre. **Salière** rectangulaire octogonale, forme droite.

Beau décor bleu.

268 — SAINT-CLOUD. Pâte tendre. **Deux Salières,** forme analogue à la précédente, mais évasées, décor bleu.

Très belle qualité.

269 — SAINT-CLOUD. Pâte tendre. **Trois Salières** de forme ronde, décor bleu (une fracturée).

270 — SAINT-CLOUD. Pâte tendre. **Tasse** ob-cônique, et soucoupe à gaudrons en relief, décor bleu.

271 — SAINT-CLOUD. Pâte tendre. Deux petits **Pots à pommade** couverts, décor bleu ; l'un d'eux porte la marque de Trou.

272 — SAINT-CLOUD. Pâte tendre. Deux autres petits **Pots à pommade,** plus grands que les précédents, dont un est signé de la lettre *B,* décor bleu.

273 — SAINT-CLOUD. Pâte tendre. Trois **Soucoupes** et un **Couvercle,** décor bleu. Deux portent la marque de Trou.

274 — SÈVRES. Pâte tendre. **Tasse couverte,** forme droite, décor polychrome semé de bouquets ; le couvercle est orné d'une rose, en relief, formant bouton.

Nota. — Pièce décoré par Levé père et Couturier (Couvercle égrenée).

275 — SÈVRES. Pâte tendre. **Soucoupe**, décor fond jaune canari, avec paysage en camaïeu bleu. Marque : KK (1786).

276 — SÈVRES. Pâte tendre. **Plateau ovale. Ravier**, décor polychrome, semé de bouquets (décor d'Armant).

NOTA. — Ce plateau est percé, et l'on y a fixé des pièces argentées du temps de Louis XVI : porte-burettes et porte-bouchons en argent ciselé.

Les burettes sont en verre taillé.

277 — CHANTILLY. Pâte tendre. **Soucoupe octogone**, décor polychrome coréen, signé du cor de chasse en rouge.

Très belle qualité.

278 — CHANTILLY. Pâte tendre. **Tasse droite**, décor polychrome ; des enfants chinois.

279 — CHANTILLY. Pâte tendre. **Trois manches de couteau**, décor polychrome. Chinois.

280 — LUNÉVILLE. Très joli petit **Socle de statuette** avec guirlandes de fleurs polychromes, en relief. Socle marbré.

281 — PARIS. **Tasse et soucoupe**, décor polychrome, décor dit : Barbeau.

282 — LOUISBOURG. Petit **Pot à lait** à surface gauffrée, décor polychrome : bouquets de fleurs.

283 — SAXE. **Soucoupe**, décor polychrome : bouquets de fleurs.

Et quatre **Couvercles** en Saxe, Saint-Cloud et Mennecy. — Petit **Pot** de la Courtille.

284 — BURSLEM. **Médaillon** : Profil de Henri IV. **Tasse,** tête de satyre, et une **Théïère** ovale avec danse de Nymphes, en relief, signée Wedgwood.

285 — DAMAS. Deux **Tasses**, forme bol, fond bleu, à réserves, ornées de fleurs polychromes (l'une d'elles fêlée).

286 — SÈVRES. **Bouton**, fond bleu, avec scène mythologique, en biscuit blanc. Petit **Lozange**, fond blanc, avec bacchantes, en biscuit bleu. Epoque Louis XVI.

287 — SAXE. **Plateau rond** ; le marli réticulé à bouquets de fleurs gaufrées ; au fond, feuillages et fruits en polychrome.

Belle qualité.

288 — PARIS. **Assiette** décorée polychrome en plein. Sur le marli, couronne de fleurs ; au centre, mariage mystique de sainte Catherine, d'après le Corrège.

289 et 290 — PARIS. Deux **Assiettes** décor polychrome. Le marli, à fond chamois, est semé de bouquets de fleurs ; au fond : Daphnis et Chloé au bain, d'après Hersent ; sur l'autre : La leçon de flûte, d'après le même.

291 — PARIS. **Assiette.** Le marli rose. Bouquet de fleurs et oiseau bleu, au centre.

STATUETTES EN PORCELAINES

FRANÇAISES ET ÉTRANGÈRES

---

292 — SAXE. **Personnage** en costume Louis XV, jouant du tambourin et du flageolet, décor polychrome. Marque des deux épées (fracture au chapeau).

Belle qualité.

Haut. 0.20 cent.

293 — SAXE. **Personnage. Enfant,** décor polychrome, marque des deux épées (bras fracturés).

294 — SAXE. **Personnage. Enfant,** tenant un pot de bière, décor polychrome.

Très belle qualité, décor vigoureux.

295 — SAXE. **Bacchus et Ariane.** Deux statuettes, décor polychrome (fractures).

296 — SAXE. **Statuette.** Bergère assise, laissant échapper un ramier, décor polychrome.

297 — SAXE. **Pluton et Cerbère,** décor polychrome, marque des deux épées (fractures).

298 — SAXE. **Bacchus enfant.** Statuette, décor polychrome (bras réparé).

299 — FRANKENTHAL. **Personnage** assis près d'un guéridon, tenant un cor de chasse et un cahier de musique, décor polychrome (fractures).

Haut. 0.22 cent.

300 — SAXE ? **Bacchus enfant** (fractures).

301 — LOUISBOURG. Statuette. **Marchand d'images**, décor polychrome (bras gauche réparé).

302 — CHARLES THÉODORE. Deux statuettes à décor polychrome, **Marchand de fleurs** et **Marchande de fruits** (fracturé).

303 — NIDERVILLER. Statuette. **Marchand de macarons**, décor polychrome (main droite fracturée). Marque du double C. (*Custine*).

304 — SAXE. Deux statuettes, décor polychrom. Une **Jeune Jardinier** et un **Amour dessinant** (fractures).

305 — SAXE. Deux statuettes, décor polychrome. **Amours militaires** (fractures).

306 — SAXE. Deux statuettes, décor polychrome : **Perruquier** et **Cordonnier** (fractures).

307 SAXE. **Petit Chien carlin** et **Petit Léopard**, décor polychrome (le dernier fracturé).

308 — CHELSEA. Deux statuettes semblables, décor polychrome : **Amours** tenant une corbeille de fleurs.

VERRERIE ANCIENNE DE VENISE

STATUETTES

---

309 — VENISE. Deux statuettes, couleurs variées. **Don Quichotte.**

310 — VENISE. Statuette. **Dame de qualité**, en costume du XVIe siècle.

Pièce rarissime et très curieuse.

311 — VENISE. Statuette. **Homme de qualité**, en costume du XVIe siècle.

312 — VENISE. Statuette. **Servant**, en costume Louis XIV.

313 — VENISE. Statuette. **Crispin**, tenant une guitare.

314 — VENISE. Statuette. **Basile**.

315 — VENISE. Statuette. **Vierge**, tenant l'enfant Jésus.

316 — VENISE. Statuette. **Homme de qualité**, en costume Louis XV.

317 — VENISE. Petite statuette. **Crispin dansant**.

318 — VENISE. Huit statuettes représentant : trois, des Saisons, **Homme et Femme** ; et trois **Comédiens** (fracturés).

OBJETS DIVERS, ANCIENS

---

319 — BATTERSEA. Email. **Moutardier**, fond vert, à réserves encadrées d'or. Les réserves sont ornées de bouquets de fleurs polychromes.

Très belle qualité.

320 — SAXE. Email. Deux **Salières** décorées de bouquets de fleurs polychromes.

321 — SAXE. Email. **Bonbonnière carrée,** ornée de trophées militaires. Le dessus du couvercle porte le chiffre de Frédéric-le-Grand, sa couronne ainsi que de l'Aigle et neuf cartouches contenant les noms et les dates de ses victoires.

A l'intérieur du couvercle, trophée militaire, Aigle de Prusse chargé des initiales du Roi Frédéric, et cartouches contenant les mots *Breslau et Schweinitz*.

Le dessous de la boîte est orné d'un cartouche portant l'inscription suivante : *Vive le Roy de Prusse Frédéric-le-Grand.*

Cette boîte, donnée par le roi de Prusse à Voltaire, a été acquise à la vente faite à Ferney en 1789.

322 — SAXE. Email. **Boite carrée,** décor polychrome, paysage. A l'intérieur, portrait de femme.

323 — SAXE. Email. **Boîte carrée,** fond bleu, moucheté blanc, à réserves, ornée de paysages et d'insectes.

324 — SAXE. Email. **Petite Boîte carrée,** fond blanc, à reliefs dorés.

325 — SAXE. Email. **Etui à flacon,** surface godronée, ornée de bandes de couleurs.

326 — SAXE. Email. **Boîte ronde** à sujets polychromes, d'après Watteau.

Et un **Email français** représentant Ste Véronique.

327 — EMAIL FRANÇAIS. **Boîtier de montre** sujet de cinq personnages, à décor polychrome, d'après Watteau.

A l'intérieur, femme pinçant de l'archiluth.

328 — EMAIL FRANÇAIS. Deux **Poignées** ovales pour commode, bustes de femmes coiffées de beaux chapeaux, décor polychrome; encadrées en bronze doré.

329 — EMAIL FRANÇAIS. Deux **Autres Poignées** de commode de même forme, décorées de vases, au procédé dit à la vignette ; monture en bronze doré.
Epoque Louis XVI.

330 — IVOIRE. **Balai de foyer** époque Louis XIII, manche tourné.
Bel état de conservation.

331 — IVOIRE. **Etui** orné de maisons, chèvre, moutons et oiseaux de basse cour ; travail Dieppois.
Epoque Louis XVI.

332 — AGATE RUBANNÉE. **Boite** à double compartiment; monture en bronze ciselé et doré.
Epoque Louis XVI.

333 — CUIVRE CISELÉ, gravé et doré. Tout petit **Coffret** orné de balustres en relief. Le couvercle est chargé d'un ombilic avec armoirie gravée.
Travail français du XVIe siècle.

334 — CUIVRE TOURNÉ. **Paire de Flambeaux**. Travail du XVe siècle.

335 — ART ORIENTAL. **Paire de Coquetiers** argent repoussé ciselé et doré, avec cabochons de corail.

336 — ART ORIENTAL. Trois autres **Coquetiers** en cuivre repoussé, émaillé et doré.

337 — PETITE BOITE A MOUCHES, en argent, portant trois motifs repoussés. **Jeux d'Amours.**
Epoque Louis XVI.

338 — FER. **Etui à ciseaux,** orné d'entrelacs et de fleurs gravés, portant la légende française suivante : sur une face, IE-BRVLE. DE-VN-BEAV-FEV ; sur l'autre, IAN. PEV-E DIS-E POSER-E.
Art français du XVIe siècle.

339 — FER. Autre **Etui à ciseaux,** travail ouvré et gravé. Art français.
Même époque.

340 — BRONZE. Petit **Couteau** de l'époque gothique.
Objet d'une forme très curieuse.

341 — BRONZE. **Coupe-pâte,** XVIe siècle.

342 — BRONZE et BRONZE DORÉ. Quatorze pièces, **Appliques et Charnières de meubles,** du XVIIe siècle au 1er Empire.

TABLEAUX ANCIENS

ET GRAVURES ANCIENNES

---

343 — VAN-DER-CABEL et BAUDOUIN. **Port de mer, à marée basse.**
Presque toutes les barques sont tirées à terre ; au premier plan, de nombreux personnages assistent à une vente de poissons.

Les figures, peintes par Baudouin, sont d'une exécution très spirituelle.

Cadre en bois sculpté et doré.

344 — GUIGNET (D'après). **Brigands s'exerçant à l'arc.**
Copie, exécutée par le docteur Bar.

345 — CHARDIN (Ecole de). **Nature morte.**
Cadre en bois sculpté et doré.

346 — COURTOIS (Jacques) dit : le BOURGUIGNON. **Combat de Cavalerie.**
Cadre en bois sculpté, doré.

347 — YAN DARGENT. **Jeune berger breton, gardant un troupeau.**
Cadre en bois sculpté.

348 — YAN DARGENT. **Berger breton, se désaltérant.** Pendant du précédent.
Cadre en bois sculpté.

349 — D. R. (Dieudonné Royer). **Etude de Nature morte.**

350 — INCONNU. **Berger Italien,** conduisant un troupeau de moutons.

351 — REDOUTÉ (Attribué à). **Bouquet de roses.**

352 — BOILLY, Jules. Pastel. **L'heureuse famille.**
Cadre en bois sculpté.

353 — WOUVERMANS (Genre de). **Paysans ramassant du bois.** Scène d'hiver.
Cadre en bois sculpté, doré.

354 — PRÉVOST. **Portrait de femme coiffée d'une casquette.**
Gouache. Signée et datée de 1803.

355 — FINCK. Nature morte. **Fruits.**
Cadre en bois sculpté.

356 — V. HENNEQUIN. **Fruits** posés sur une table de marbre. Nature morte. Signée et datée de 1855.
Peinture sur porcelaine.

357 — ECOLE FLAMANDE. **Vieillard lisant.**

358 — FRUITS. **Nature morte.**

359 — LAWREINCE (Attribué à). **Ah! les jolis petits chiens.**
Cadre en bois sculpté.

360 — RUISDAEL (Ecole de). **Le torrent.**
Beau cadre en bois sculpté.

361 — BEREY, graveur (Ecole Française). **L'Histoire de la Monarchie Françoise.** « *Où se voit les Portraits de* « *tous ses Rois, depuis Pharamond jusqu'à Louis 14, à* « *présent régnant, avec un abrégé historique sous chacun* « *d'eux, de leurs vies et des actions les plus remarquables* « *de leurs règnes. A Paris, 1711.* »

362. — EISEN. **L'Accord de mariage,** gravure, par Gaillard.
Cadre en bois sculpté et doré

363 — RUBENS (D'après). Deux gravures. **Plafonds.** Toutes marges.

364 — CHARLES LEBRUN. **Plafond de la galerie de Versailles.** Gravure par Poilly.
Cadre en bois sculpté, doré.

365 — BAUDOUIN. **La première leçon d'Amour,** gravée par Chauffard.
Belle épreuve.
Cadre en bois sculpté et doré.

366 — LANCRET. **Conversation galante.** Gravure, par Philippe Lebas.
Cadre en bois sculpté et doré.

367 — CARÊME et HUET. Deux gravures en couleur, par Bonnet : **Le Marchand d'orviétan de campagne**; et **La troupe ambulante des rues de Paris.**

368 — CARÊME. Deux gravures en couleur, par Janinet : **Le Berger couronné**; et la **Bergère couronnée.**

369 — HUET. Deux gravures en couleur : **La Chèvre bien aimée** et **Le Petit Cavalier.**
Gravées par Bonnet.

370 — SAINT-AUBIN (?) Deux gravures en couleur : **Le Coupe tête,** et **Le Colin-Maillard.**
Deux pièces publiées à Paris chez Bance.

371 — EISEN. Deux vignettes représentant **Circé** et **Thalie.**

372 — PETIT CADRE en **Ecaille rouge,** marqueté d'ivoire gravée, orné de fleurs de lys.
Epoque Louis XIII.

373 — PETIT CADRE en **Ebène** orné de bronze doré, époque Louis XIII ; contenant une lettre onciale gothique, sur vélin.

374 — SHERVIN. **La danse de village.** Gravure en couleur, par Chaponier.

375 — BATTONI. **Cléopâtre montre à Auguste le buste de César. — La Mort de Marc-Antoine.** Deux gravures encadrées, gravées par Compagnie.

376 — GREUZE. **Les délassements du Vieil Age.**
Gravure de Binet, encadrée.

377 — RAPHAEL. **Sainte Famille,** gravée par Poilly.
Encadrée.

378 — MARATTI. **Sainte Cécile,** et **Sommeil de Jésus,** par Strange.
Deux gravures encadrées.

379 — BOUCHER. **Première et Deuxième vues de Charenton.** Deux gravures de Philippe Lebas.
Encadrées.

380 — ECOLE FRANÇAISE. **La Vierge** et **L'Enfant Jésus.** Deux gravures sur vélin.
Epoque Louis XIV.

381 — ECOLE FRANÇAISE. **Saint Remi.**
Cadre en bois sculpté.

382 — ECOLE FRANÇAISE. **Sainte Catherine.**
Cadre en bois sculpté.

383 — FRANCK AMBROISE. **La Vierge apparaissant à Saint Robert.**
Cadre en bois sculpté.

384 — ECOLE FLAMANDE. **Sainte Famille.**
Cadre en bois sculpté.

385 — ECOLE FRANÇAISE. **Sainte Scolastique.**

386 — SAINT-JEAN (D'après). **Statue de la Vierge au milieu d'une guirlande de fleurs.** Peinture sur porcelaine par Hennequin, 1855.
Cadre en bois sculpté.

387 — LAFOSSE. **La Vierge bénissant.**
Cadre en bois sculpté, doré.

388 — BRUNARD. **Le Marchand d'Amours.** Aquarelle. Signée.

389 — FINCK. Paysages. **Coucher de Soleil. Effet de Lune.**
Deux pendants.

390 — CARAVAGE. **Vase en or ciselé;** peinture sur toile.
Cadre en bois doré.

391 — LANCRET (d'après). **Scène galante.**

392 — ECOLE FRANÇAISE. **Conversion de Saint Paul.**

393 — ECOLE FRANÇAISE. **Portrait de femme.**

394 — ECOLE ITALIENNE. **Tête de vieillard.**

395 — ECOLE FRANÇAISE. **Sainte Famille.**

396 — ARY-JOANNE. **Portrait de femme.**

397 — HILAIR. **Halte de voyageurs**, gravure, par Guttemberg.
Cadre garni de cuivre.

398 — BRODERIE DE SOIE, d'après Teniers. **Village Flamand.**

399 — GREUZE. **Le Gâteau des Rois.** Gravure, par Flipart.

400 — POUSSIN. **Danse des Muses.** Gravure, par Raphaël Morghen.

401 — CHARDIN. **Le Négligé et la Mère trop rigide.** Deux pièces gravées par Le Bas et Charpentier.

402 — COYPEL. **Abraham et Rebecca.** Gravure, par Drevet.

403 — FINSE. **Combat de Cavaliers.** Gravure, par Edelinck.

404 — GREUSE. **Les Œufs cassés.** Gravure, par Moitte.
Epreuve avant le titre.

405 — ECOLE FRANÇAISE. **Portrait des Césars et des Impératrices.** Vingt-quatre vignettes, d'après le Titien; gravées par Duflos.

406 — ECOLE FRANÇAISE. **Saint Mathieu** et **Sainte Marguerite.** Deux gravures.
Cadres en bois sculpté et doré.

407 — ABILDGAARD. **Socrates.** Gravure, par Clément.

408 — ECOLE FRANÇAISE. **Groupe d'Anges.**
Cadre en bois sculpté.

409 — BALLUE. **Bouquet de fleurs.**
Cadre en bois sculpté.

410 — ECOLE FRANÇAISE. **Triomphe de la Vierge.** Petite gravure sur velin.
Cadre en bois sculpté.

411 — CALLOT. **Eaux fortes,** Trente-et-une pièces.

412 — **Jeu royal de l'Oie. — Jeu des Vertus. — L'Arbre d'Amour.** (Images).

413 — CHALLE. **Jupiter et Léda.** Gravure par Tilliard.

414 — BAPTISTE. **Deux Vases contenant des fleurs.** Bonnes épreuves.

415 — LEBARBIER. **La Prudence en défaut** et **Le mari dupe et content,** Deux gravures, par Patas.

416 — LECLERC. Six pièces. **Histoire de l'Enfant prodigue,** gravée par Gaillard, Basan, Tucher et Moitte.

417 — EISEN. **Délices de la Vie Champêtre. — Le Modèle Enchanteur. — Offrande à Vénus. — L'Agréable moment.** Quatre pièces. Graveur anonyme.

418 — FRAGONARD. **La Résistance inutile. — Il a cueilli ma rose.** Deux gravures par Regnault. — **Paysage** gravé par Saint Non, 1761.

419 — LANCRET. **Scènes galantes.** Deux gravures, par Sylvestre.

420 — PORTRAITS de **Joseph Le Gros**, de l'Académie Royale de musique. — **Neker** et **Jean Quentin 11e**, chevalier et baron de Champlost (Yonne), d'après Vanloo.

421 — GRAVURES du XVIIIe siècle. Baudouin : **Le Midi, — La Nuit.** Moitte : **La Surprise agréable** (belle épreuve). Hoin : **L'Ecueil de la Sagesse. — La Tendre Amitié. — Soirée aux Tuileries.** Watteau : **Le Concert,** gravé par Surugue.

422 — VUES DE PARIS. **Les Fossés de la Bastille. — Statue équestre de Louis XV,** d'après De Sève. — **Le Panthéon. — L'Arc triomphal pour l'entrée de Louis XIV.**

423 — GRAVURES EN COULEURS. **Clarisse Harlowe.** Deux pièces, d'après Girardet. — **Abélard et Héloïse.** Quatre pièces d'après Cofmann. — Et deux pièces de l'**Histoire de Marie Stuart.**

424 — GRAVURE EN COULEUR. **Lafontaine,** d'après Rigaud, gravure par Coqueret.

425 — GRAVURES EN COULEURS. Huet : **Le Galant Berger. — Les Baigneuses,** par Demarteau.

426 — GRAVURES EN COULEURS. Huet : **Mort d'Adonis. — Le Départ du Marché. - La Demande acceptée. — Le Refus. — Vénus sur les eaux. — Le Prieuré de Crossy.**

427 — FREUDENBERG. Gravure en couleur. **Le Retour des Champs.**

428 — WLEUGHELS. **Saint Luce,** par Delarmessin. — **La Consolation maternelle,** gravée par Aliamet.

429 — ECOLE MODERNE. **Trois eaux fortes,** par Jacques et Daubigny.

430 — TABLEAU DES PAPIERS ET MONNAIES de la Première République. — **Déclaration des Droits de l'Homme.**

Deux pièces.

431 — MANSSON. **Cripte transformée en usine.** Aquarelle.

432 — Sous ce numéro sera vendu environ trente lots de **Gravures anciennes** diverses.

MEUBLES ANCIENS

---

433 — CHÊNE SCULPTÉ. **Crédence du temps de Louis XII,** ornée de onze panneaux sculptés, chargés d'arabesques de profils d'hommes et de femmes et de deux beaux masques en haut relief. Les trois portes sont garnies de ferrures ouvrées et repoussées.

Nota. — Ce meuble a été reconstitué avec la plus scrupuleuse exactitude.

434 — CHÊNE SCULPTÉ. Très belle **Crédence de l'époque de Louis XII,** ornée de onze panneaux exécutés avec un talent remarquable et chargés d'arabesques, d'animaux chimériques, de vases et figures d'enfants de la plus grande beauté.

NOTA. — Ce meuble a été reconstitué, comme le précédent, dans le style le plus pur.

435 — CHÊNE SCULPTÉ. **Crédence, époque de Henri IV.** Les portes sont ornées d'un cartouche à trois médaillons dont le central est un mufle de lion. Les côtés sont décorés de motifs imitant la ferronnerie ; la corniche et la ceinture sont chargées d'oves, de rinceaux et d'achantes.

La partie inférieure de ce meuble a été reconstituée.

436 — CHÊNE SCULPTÉ. **Petit coffre gothique,** orné de panneaux de style fleuri du XVe siècle.

437 — CHÊNE SCULPTÉ. **Meuble à deux corps surmonté d'un dais.** La partie inférieure a six beaux panneaux gothiques de la fin du XIVe siècle ; la partie supérieure est ornée de sept panneaux du XVe siècle, dont deux portent les armes de France et du Dauphin de France ; le dosseret ainsi que le dais, sont exécutés dans le style du XVe siècle et agrémentés de douze statuettes de saints et d'apôtres.

438 — CHÊNE SCULPTÉ. **Meuble à deux corps.** Style Renaissance ; les deux portes inférieures ont huit panneaux du XVIe siècle ornés d'arabesques ; partie supérieure vitrée.

439 — **Coffre du temps de Louis XIII,** recouvert en tapisserie au point et garni d'entrée et poignées de même époque.

Le piétement en noyer est à six colonnes torses.

440 — NOYER. **Torchère de l'époque Louis XV**, à pied tourné.

441 — NOYER. **Torchère de l'époque Louis XIII.** Le plateau est orné de marqueterie de bois.

442 — NOYER. **Deux fauteuils époque Louis XIII**, pieds tors, recouverts en cuir.

443 — NOYER. **Fauteuil de l'époque Louis XIII**, à double tors, recouvert en cuir. Les bras sont terminés par des têtes de lions.

444 — NOYER. **Grand fauteuil**, époque Louis XIV, recouvert en tapisserie au point, représentant un parc avec château et personnages. Les bras en S sont ornés de feuilles d'achante.

445 — NOYER. **Table Louis XIII**, à pieds double tors.

446 — NOYER SCULPTÉ. **Meuble de milieu**, surmonté d'une vitrine en toit de maison ; les côtés ont été construits avec des panneaux du temps de Louis XIV, à surfaces plates et coinçonnés d'ornements en relief.

447 — CHÊNE SCULPTÉ. **Cheminée**, style de la Renaissance Flamande, ornée de plaques de faïence à décor polychrome, à relief d'enfants, mufles de lion et fruits. Au centre du panneau, grande plaque avec ornementation du XVIe siècle et arceau sous lequel saint Martin, en costume de cette époque, donne la moitié de son manteau à un mendiant.

La partie supérieure porte trois motifs de faïence, ajourés, figures de sirènes présentant un écu surmonté d'une couronne impériale aux armes de la maison d'Autriche.

L'écu, de motif de sable, est chargé d'un pélican nourrissant ses petits.

L'entourage du foyer est formé avec quinze carreaux anciens des fabriques de Nevers; et le devant est pavé de carreaux à reflet mordoré hispano-mauresque et de quelques carreaux polychromes, d'ancienne faïence française.

448 — BOIS SCULPTÉ ET DORÉ. **Bénitier de l'époque Louis XIV**, travail ajouré, orné de tête d'anges, rinceaux et guirlandes de fleurs ; au centre, peinture sur vélin représentant Jésus enfant.

448 *bis* — TERRE CUITE DORÉE. **Deux statuettes** formant pendant ; fillettes : Marchande de fruits et autre tenant une boîte à marmotte.

Art français, XVIIIe siècle.

449 — CHÊNE SCULPTÉ. **Coffre gothique du temps de Charles VI,** orné de neuf panneaux à ogives et de serrure et pentures en fer découpé.

Ce coffre a ses poignées de l'époque.

450 — **Petite Pendule** à accrocher avec son **socle** époque Louis XIV ; marqueterie de cuivre et écaille ornée de bronze dorés (réparée).

451 — **Chaise du temps de Louis XVI** ; dossier à colonnettes cannelées ; ceinture sculptée, ornée de rinceaux ; pied cannelé.

Joli modèle.

452 — BOIS SCULPTÉ ET DORÉ. **Petite Console d'entre-deux,** avec marbre, à un seul pied orné, ainsi que la ceinture, de motifs rocaille.

Travail français, époque Louis XV.

Modèle très rare.

Larg. 0.35 cent.

453 — BOIS SCULPTÉ ET DORÉ. **Glace d'entre-d'eux.** Extrémités arrondies et ornées de fleurs et rinceaux.

long. 1.85 cent. ; largeur 0.14 cent.

454 — BRONZE ARGENTÉ. **Paire de Chenets**; modèle à vases octogones de l'époque de Louis XIV.

455 — CHÊNE SCULPTÉ. **Saint Jacques.** Statuette.

456 — BOIS SCULPTÉ. **Canne du temps de Louis XV**; tête de vieillard coiffé de lierre et reposant sur une volute terminée par des fleurs.

457 — BOIS SCULPTÉ. **Pélican.**
Epoque Louis XIV.

458 — BOIS SCULPTÉ. Deux statuettes. **Vierge et Enfant. — Deux têtes d'Anges.**
Epoque Louis XIV.

459 — BOIS SCULPTÉ ET DORÉ. **Deux colonnettes torses**, ornées de feuillages. — Et deux **Culots de bénitier** avec têtes d'anges.

460 — CHENETS EN FER TOURNÉ. **Paire de petits Chenets**, Epoque Louis XIV.

461 — BOIS SCULPTÉ. **Cadre de Glace**, forme portique. La partie supérieure simule une voûte, au milieu de laquelle est un masque de femme entouré de rinceaux. Les deux côtés sont ornés de cariatides en Termes : Hercule et Minerve.

A la base sont reproduites les armes de la famille Le Page (Aube).

Ce cadre a été exécuté par le célèbre Bagard, de Nancy.

461 *bis* — EPOQUE LOUIS XV. **Grande Pendule** à accrocher avec son **Socle** en corne verte, ornée de bronzes ciselés. Mouvement de Branque, à Paris.

462 — PENDULE marbre blanc et bronze doré, époque Louis XVI ; modèle à portique. Les colonnes sont ornées de deux bas-reliefs en porcelaine de Sèvres, d'après Clodion. La base porte de belles frises de rinceaux.

463 — CRUCIFIX de l'époque Louis XIV. Le **Christ en ivoire**, est fort bien exécuté. Copie de celui de Girardon qui ornait le Val de Grâce de Paris.

Cadre en bois sculpté, de l'époque.

VITRAUX ANCIENS

---

464 — VITRAUX. Feuille. Composée de morceaux du du XVIe siècle. **Ecu aux armes de France. — Personsonnage jouant de la flûte. — Bourse. — Enfants. -- Oiseau chimérique.**

465 — VITRAUX. Feuille. Médaillon rond. **Saint Jean**, bistre et jaune. — **Tête d'homme coiffée d'un casque. — Bâton de Pélerin. — Armoiries**, motif ornemental.

XVIe siècle.

466 — VITRAUX. Feuille. Médaillon ovale. **Jupiter sur sur un char**, bistre et jaune. — **Trois motifs**, frises à rinceaux.

XVIe siècle.

467 — VITRAUX. Feuille. Médaillon rond, orné d'armoiries (fêlé). — **Figure d'homme**, combattant. — **Amour.** — **Bâton de Pèlerin.** — **Oiseau chimérique.**
XVIe siècle.

468 — VITRAUX. Feuille. Médaillon rond. **Vierge dans sa Gloire** (fêlure). — **Vieillard à une fenêtre.** — **Trois motifs** d'ornementation.
XVIe siècle.

469 — VITRAUX. Feuille. Médaillon rond. **Adoration des Mages.** — **Arbuste chargé de fleurs.** — Et trois **Motifs d'ornementation.**
XVIe siècle.

470 — VITRAUX. Feuille. **Armoiries.** — **Dragon marin.** — **Frise, avec deux oiseaux.**
XVIe siècle.

471 — VITRAUX. Feuille. Médaillon rond. **Martyre de Saint Sébastien.** — **Tête de Vieillard coiffé d'une mître.** — **Frise à fond noir.**
XVIe siècle.
— **Tête de Tonsuré.** — **Levrette.**
XVe siècle.

472 — VITRAUX. Feuille. Médaillon carré. **L'Annonciation**, polychrome.
XIIIe siècle.
— **Tête d'homme coiffé d'un turban.** — Deux autres **Têtes de profil**, en médaillon.
XVIe siècle.

473 — VITRAUX. Feuille. **Armoiries locales**, polychromes; **Alliés des Hennequin** (Aube). — **Frise.** — **Sirène.**
XVIe siècle.

474 — VITRAUX. Feuille. Médaillon rond. **Saint,** couronné de fleurs de Lys, tenant un sceptre. Près de lui, **un lion. — Saint André. — Deux banderolles** avec la légende : *Entre chien et loup.* — **Tête d'homme.**
XVIe siècle.

475 — VITRAUX. Feuille, **Six morceaux de frises.**
XVIe siècle.

476 — Feuille. **Armoiries. — Trois frises et une coquille.**
XVIe siècle.

477 — VITRAUX. Feuille. Médaillon rond. **Saint Michel. — Deux morceaux de frises. — Deux têtes. —** Fragment contenant **Trois petits enfants.**
XVIe siècle.

478 — VITRAUX. Médaillon carré, **Christ en croix** et une **Sainte femme. — Tête de Sainte Catherine. — Frise. — Armoiries.**

479 — VITRAUX. Feuille. **Armoiries de la famille Hennequin** (Aube). — **Une escarcelle. — Trois frises.**
XVIe siècle.

480 — VITRAUX. Feuille. Médaillon ovale. **Enfant jouant de la flûte. — Deux frises. — Deux profils, médaillon. — Morceau de frise.**
XVIe siècle.

481 — VITRAUX. Feuille. **Trois frises. — Tête de Chérubin. — Tête d'évêque.**
XVIe siècle.

482 — Sous ce numéro seront vendus les objets omis.

TROYES
IMPRIMERIE MARTELET
101, rue Thiers, 101

www.ingramcontent.com/pod-product-compliance
Ingram Content Group UK Ltd.
Pitfield, Milton Keynes, MK11 3LW, UK
UKHW020350180726
13839UKWH00003B/1015

9 782329 505954